投機者

電影劇本

香港真人真事改編

THE SPECULATORS

獻給我敬愛的父母——

一輩子從事戲劇創作的知識分子

《投機者》—— The Speculators

電影劇本

香港真人真事改編

故事創作　　　：杜嘯鴻 / Freeman To

英文劇本寫作　：Michael Franklin and Freeman To / 杜嘯鴻

中文劇本寫作　：杜嘯鴻 / Freeman To

中文劇本編輯　：陳俊謙 / Frandix Chan

中文劇本校對　：黎智藝 / Richmond Lai

《投機者》—— The Speculators

初版發行 2021年 7月 香港書展
ISBN：978 - 988 - 78961 - 3 - 5

出版人：杜嘯鴻
出版社：香港期權教室
地　　址：香港九龍灣展貿徑1號國際展貿中心10樓1026A室
電　　郵：thespeculators @ hkoptionclass.com.hk
網　　址：www.hkoptionclass.com.hk

香港印製：美雅印刷製本有限公司

《投機者》—— The Speculators
中文第一版：二〇二一年七月

《The Speculators》—— 投機者
English First Edition：July, 2020

代理經銷：白象文化事業有限公司
地址：401 台中市東區和平街 228 巷 44 號
電話：(04) 2220-8589　傳真：(04) 2220-8505

《投機者》—— The Speculators

內容大綱

電影劇本序

筆者一直認為：真實應該比虛構更有意義！

在虛構環境中疲倦了，抽身回到真實世界，一定會享受一番久違的感覺。

《投機者》作為完整的電影劇本，中英雙語同步發表，是香港的第一部。

筆者認為電影劇本可以濃縮故事，**比看小說省時間**，特別是時間跨度長的故事如《投機者》，從 1983 年到 2019 年。香港的生活節奏快，節省時間應該是大多數人的希望。此劇本是軟封面的 pocket book，劇情只有95頁，隨身攜帶，隨時隨地都可以看一兩個場景。

標準的電影劇本是給導演以及眾表演者看的，而《投機者》則是簡化了電影劇本的格式，令其成為大眾讀物。看電影劇本是眼與腦同時運作，這是可以**提升個人想像力的閱讀行為**，值得試試，特別是年輕人，你會樂在其中。

閱讀電影劇本的技巧是：跟隨文字的節奏，一個場景接一個場景地看，要停就停在場景轉換，要能夠**將文字在腦海中形成畫面，再將畫面融入場景中**。由於是真人真事，看劇本時，香港的場景就會浮現在腦海裡，你會感覺自然，閱讀流暢。

香港有其特殊的歷史背景，劇情中的第二男主角是「鬼佬」，還有幾位外籍配角，因此劇本是先寫英文再寫中文。中文翻譯是力求意境，略帶本土口味，務必令大家看得舒服。中文讀後意猶未盡，值得再看英文，因為咀嚼英文會有另一番洋味道。

筆者創作此劇本的特別之處是：本人就是真人真事的一個角色，創作時是**活在劇情中**。經過創作的劇本角色是陶少洪，陶Sir/Freeman，閱讀時可留意。

作者簡介

過去 10 多年，筆者一直在《信報》寫專欄『期權教室』，專注港股的期權文章，也出版了期權系列書籍 5 本。2008 年創立『香港期權教室』，擔任首席講師至今，提供投資者教育服務。2018 年獲得了香港交易所 / Hong Kong Exchanges 的獎項「Education Partner Award - Appreciation for a decade of contributions」，該獎項在本書的背頁可以看到。

與此同時，筆者是香港證監會持牌人，在一家上市投資銀行的證券部任職董事策略師，服務對象大多數都是香港期權教室多年來的學員。筆者希望藉著發表金融題材的電影劇本，宣傳和推廣香港的期權市場，令更多人參與其中。

香港的真人真事

如作者簡介所述，筆者是在建立了一些信譽和知名度後，令劇中的女主角碧玉/Scarlet 主動聯繫本人，要求學習期權，這個情節不但真實，而且過程非常有趣，筆者在此**先賣個關子**，具體過程請大家看劇本內容，一定精彩。

筆者第一本期權書《期權 Long & Short》（第一版發表於 2009 年）的序集中有一篇序是由當時還在赤柱監獄服刑的囚犯所寫，名字是林子峰，囚犯編號 275490，他就是劇中的男主角。在獄中學習資源有限，但他長期看《信報》，學期權意欲旺盛，令本人被感動而無法拒絕去赤柱實行「**探監教期權**」。

與男主角在赤柱監獄隔著玻璃用聽筒交流日久，筆者感覺到了這位年輕人要重新做人的決心和能力，在結束教學後，筆者親自寫信給懲教署，簡述往返赤柱監獄教期權的過程，認為該囚犯已具備謀生技能，沒有必要再為生計而犯法，完全可以重新做人。結果是在 2013 年，林子峰獲**提早釋放**。

多次從赤柱監獄返回市區的途中，筆者一直在思考，這個旅程是充滿曲折的人生故事和豐富的情節，可以是個相當不錯的香港本土電影題材，足以體現香港的**獅子山精神**。

關於電影劇本

筆者是故事改編者，但寫電影劇本還是首次，電影劇本有其特定的格式（Format）必須學習。筆者有幸認識到 Michael Franklin，他有 30 年以上從事電影及電視的製作經驗，擅長寫鏡頭文字，對荷里活的電影劇本模式非常熟悉。他花了數天時間聽本人對這個故事的詳細描述，領略到故事的激情，與筆者一起創作出這個劇本的英文初稿。

這個故事的時間跨度較長，開始於 1983 年的中英談判，經歷了 1997 年的回歸，結束在 2019 年 6 月 16 號，香港市民的和平社會運動中。

寫電影劇本是一個漫長的創作過程，多謝期權教室的助理，陳俊謙/Frandix 和 陸宜/Vivian 以及 黎智藝/Richmond，他們總是給予我最大的協助。

大眾讀者初次讀電影劇本會略有難度，但並非想像中難，只要略知其格式及術語便可。有見於此，陳俊謙/Frandix 編寫了〈如何閱讀電影劇本〉給大家一把打開電影劇本大門的鑰匙。

此劇本中英雙語，特別建議香港年輕人及中學生閱讀，可以略知香港回歸前的歷史，也可提升中英文的語文閱讀能力和寫作能力，是本相當不錯的課外讀物。

金融從業員通過閱讀，不單可以了解到香港股市的期權操作知識，還可以學到不少具人生智慧的金句名言，增強文化知識，對從事金融行業一定有益！

最後，預祝各位閱讀愉快！

杜嘯鴻/Freeman
2021年7月 香港書展

如何閱讀電影劇本

一‧電影劇本格式 / Formatting

下方格子內引用正文第70頁下半部分的內容，該頁具備了此劇本的大部分格式：

---

① 內景： 美資投資銀行寫字樓　Chris 的小小辦公室　白天
字幕： 2015 年 復活節

② Oliver 和太太 Susan 羨慕地望著 Chris 的名片架，名片上印著：
「林智豐/Chris Lin　基金經理/Fund Manager」

③ Oliver/歐利華
④ 你好啊！成為大人物啦！你的目的也終於達到了！

素珍/Susan
這的確是一個開心的時刻，週末晚飯如何？

Oliver/歐利華
⑤（揶揄地講）
Scarlet 要一起來，我想聽聽她是如何協助你成功的。

---

① 場景説明（置左，場景分類加底線）
描述該場景的類型、地點和時間。

② 畫面説明（置左）
描述畫面出現的場景具體內容和發展，以及角色的動作等。

③ 角色（置中加底線）
指明哪個角色開始對白。

④ 對白（置中）
角色所説出的完整對白內容。

⑤ 表演指導（括號內）
提示該角色該如何演繹對白，以及補充對白中插入的表情動作。

二‧電影劇本術語 / Terminology

此劇本中用到的專業術語，解釋如下：

鏡頭進入　　　－ FADE IN：－ 指電影開場。

鏡頭淡出　　　－ FADE OUT. － 指電影閉幕。

外景：　　　　－ EXT. / Exterior － 指在室外拍攝的場景。

內景：　　　　－ INT. / Interior － 指在室內拍攝的場景。

稍作停頓　　　－ Beat. － 刻意的時間停頓或延慢，以營造劇情效果。

蒙太奇剪輯：　－ MONTAGE：－ 利用一系列快速切換的鏡頭交待劇情。

資料片段：　　－ STOCK FOOTAGE：－ 預製的畫面片段，特別用於歷史事件
　　　　　　　　　　　　　　　　　或新聞廣播等。

故事講解　　　－ STORY TELLER － 旁白，交代劇情發展。

切換鏡頭：　　－ INTERCUT with － 表示鏡頭快速切換至其他場景。

字幕：　　　　－ Title：－ 顯示在畫面上的文字。

音效：　　　　－ SF = Sound Effect － 配合畫面的聲音效果。

（畫外音）　　－ (O.S.) = Off-Screen － 角色在同一場景內講對白，但不在鏡
　　　　　　　　　　　　　　　　　　頭中，只聽到其聲音，見不到其人。

（場外音）　　－ (V.O.) = Voice Over － 角色不在同一場景，但聽到其聲音。

（持續）　　　－ (CONTINUOUS) － 指該場景承接上一場景。

（繼續）　　　－ (cont'd) = Continued － 指角色繼續講之前未講完的對白。

陳俊謙/Frandix
2021年7月

《投機者》—— The Speculators

　　《投機者》是一個囚犯漫長的愛情故事，也是這位囚犯的救贖過程，漫長的時間段從 1983 年開始至 2019 年結束。

　　是《The Big Short / 沽注一擲》和《Shaw Shank Redemption / 月黑高飛》的故事情節體現在這個世界級的金融中心 —— 香港。

鏡頭進入

外景：　老上海洋服店　夜晚
有些風，正在下雨。

內景：　老上海洋服店　夜晚（持續）
典型的街道鋪面，向內望店內掛滿衣物，工作枱上有許多工夫要做。
店內牆上有塊舊的中文招牌：「老上海洋服店」。

外景：　老上海洋服店　夜晚（持續）
一部奔馳房車停在路傍，風雨交加。
懸掛在外的英文招牌 "Shanghai Tailor Shop" 也在風雨中搖晃。
字幕：　Hong Kong 1983（英文字母一個一個出現，打字機音響效果同步。）

英國紳士 —— 香港的行政官員（畫外音）
過多幾年就要走啦，好景不常在，
沒有你幫我做西裝，更是可惜。

英國女士 —— 英國紳士的太太（畫外音）
所以我們要做兩套。

內景：　老上海洋服店　夜晚（持續）
林裁縫，一位帶上海口音的 30 多歲男士，站在店鋪門口，畢恭畢敬地將兩套西裝交給英國紳士，英國紳士付美元現金給林裁縫，英國紳士的太太在旁。

林裁縫
這些年來為你們做西裝實在是我的榮幸，
非常可惜你們要回去了，預祝一路平安。

他們相互握手道別，林裁縫目送這對英國夫婦在風雨中登上奔馳房車離去。
他嘆了一口氣，在無奈的表情中關門準備收鋪。

收鋪前計數，林裁縫手持美元現金，放進在店中的小抽屜中，鎖上。
但隨後又將小抽屜打開，取出全部美元，開心地數鈔票，看本週的進賬多少。

小抽屜的桌面有一張家庭照，是林裁縫與太太婷婷及 4 歲兒子林智豐/Chris 的全家福，兒子坐在父母中間。

在全家福照片的後面有一個旗座，插著一面小小的香港青龍旗。

看著一疊美元鈔票，林裁縫開心地笑了，並輕鬆地吹口哨《London Bridge is Falling Down / 倫敦橋》。

他數完鈔票，按了按計數機，點頭滿意生意收入。
跟著，他舉起全家福，看了一眼。

林裁縫
（持續地慢慢地自言自語）
多謝這些英國客戶，
臨走前做了這麼多西裝，實在多謝！
目前匯率已經是 9.60，
他們付一個美金，
等於我差不多就有 10 元港幣，
估計美金繼續看升，
我繼續收美金，太好了！

他情不自禁地又再次數美元。

林裁縫
（興高采烈地自言自語）
我還可以將港元換成美金，
1997 香港回歸大陸後，
港幣會是如何？
持美金穩妥些。

故事講解（場外音）
中國古語有云「天有不測之風雲」，
面對英國人交還香港給大陸，
結束 156 年的殖民歷史，
香港的生活一定會改變，
部分人已經開始做準備。

外景： 老上海洋服店　夜晚（持續）
夜雨還在持續。林裁縫離開店鋪，鎖好鐵閘，手持雨傘走在街上。

故事講解（場外音）
面對未知的前景，香港不少中產人士沽出港幣換美元，
認為持美元較為安全。
（繼續）
由於擔心 1997 將至，社會出現大量搶購美元的現象，
導致香港的銀行體系可能會出現系統性的風險。
1983 年 10 月 15 日，香港政府果斷宣布將美元與港幣的兌換價
定在 7.80 港幣對 1 美元，稱之為聯繫匯率。
（繼續）
美元對港幣在一夜之間下跌了近 20%，
對香港社會造成了嚴重的影響，
林裁縫持有大量美元，損失慘重！

內景： 林裁縫的家　夜晚
林裁縫坐在客廳餐枱的椅上看報紙，頭條就是政府宣布要維持聯繫匯率。
林裁縫見美元回升無望，開始講上海粗口。

林裁縫
（對著電視機的報導拍枱大罵）
戳伊娘！

4 歲的 Chris 戴著聖誕老人帽，被林裁縫嚇怕，急忙離開。

故事講解（場外音）
在可見的將來美元不可能重返高位，
香港中產將要承受損失，
林裁縫就是其中之一。

資料片段： 香港回歸典禮
字幕：

Hong Kong Handover from UK to China, Midnight, July 1, 1997
香港回歸中國　一九九七年七月一日　凌晨零時

英國儀仗隊在《God Save the Queen / 天祐女皇》的音樂聲中徐徐將英國米字
旗降下。
中國儀仗隊在《義勇軍進行曲 / March of the Volunteers》的音樂聲中將中國五
星紅旗慢慢升起。

故事講解（場外音）
午夜鐘聲敲響，
英國結束了在香港 156 年的殖民管治，
正式將香港歸還中國。
香港新的生活開始了！
廣大市民期待特區政府一定會為香港社會帶來進步繁榮！
林裁縫的生意仍然保持興旺。

外景： 海邊的單車徑 下午 （1997 年 夏天）
一大群快樂的學生沿著單車徑在海邊享受假期。

在海邊的樓宇中有幢政府建築，國旗與區旗一高一矮地懸掛著。

有一個學生小組在吉他的伴奏下唱英文經典歌，吸引了許多學生注意並一起唱，男女學生快樂融洽。

單車徑上車來車往，18 - 19 歲的 林智豐/Chris Lin 漫步在單車徑上。

單車鈴聲不斷在響，警示前面漫步者離開單車徑，讓路給單車。

可是東張西望的 Chris 並不在意，導致後邊的單車撞上 Chris，
人車雙雙倒在地上。

騎車的是一位 18 歲的漂亮女孩，宋碧玉/Scarlet Song 跌倒在地上後，
大發小姐脾氣：

碧玉/Scarlet
你是聾是啞還是蠢，
還是三者都是？
我一直在響鈴，
但你都沒反應，
你應該離開單車徑讓我！

智豐/Chris
（伸了一下舌頭）
對不起，
我正在想如何認識一位女孩，
想不到你就來到我腳下。

<u>碧玉/Scarlet</u>
（正在努力自己爬起來）
蠢豬！

<u>智豐/Chris</u>
我名字叫 Chris，但不介意你叫我蠢豬。
來，扶著我的手起來。

<u>碧玉/Scarlet</u>
（看著膝蓋）
我膝蓋跌倒時刮破了。

<u>智豐/Chris</u>
（看著她的膝蓋）
擦傷而已，無大礙。

Chris 雙手拉碧玉起來，讓碧玉扶著，另一隻手將倒在地上的單車扶正。

<u>碧玉/Scarlet</u>
（望著帥氣的 Chris）
多謝，對不起，剛才叫你豬。

<u>智豐/Chris</u>
有稱呼好過無稱呼，我要送妳回家，妳現在不能騎單車。

<u>碧玉/Scarlet</u>
（開心地）
我家在附近，多謝你。我應該叫你什麼？

<u>智豐/Chris</u>
Chris，Chris Lin，妳呢？

<u>碧玉/Scarlet</u>
我的名字是 宋碧玉 Scarlet Song。

<u>智豐/Chris</u>
碧玉？英文是 Jasper，珍貴的石頭。

兩人扶著單車漫步在單車徑。鏡頭在兩人背後拉開，似乎是一對情侶在散步。

碧玉/Scarlet
（有些跛地走著）
珍貴的石頭？
我爸爸可能認為是，但我媽媽就不一定。

智豐/Chris
對，因為是父母兩人。

碧玉/Scarlet
對，父母是兩人。

漫步在海邊，兩人互相望了一眼，大家都笑了。

智豐/Chris
（有些害羞地）
令妳受傷，實在不好意思，我想請妳吃飯，你選餐廳。
可以嘛？珍貴的石頭？

碧玉/Scarlet
（面帶開心的微笑）
可以在下個週末。
我上完護士堂後要去教琴，但週六晚就可以。
我喜歡彈鋼琴，還教小朋友彈，但父母要我做護士。

智豐/Chris
我在大學讀英文，我爸爸講我花錢多，
所以我課餘經常去幫人補習英文，賺些零用錢。

碧玉/Scarlet
Oh，你我都很相似！
但我答應你之前，要經得我父母同意，特別是我爸爸。

智豐/Chris
當然，我也是一樣，但特別是我媽媽。

碧玉/Scarlet 與 智豐/Chris
（一起）
爸爸同媽媽。

兩人都開心地笑著。

內景： 老上海洋服店　白天
昔日掛滿衣物的衣架此刻寥寥無幾，西裝身模型 "James" 也是裸露著，
工作枱面空無一物。

林裁縫坐在小櫃檯前數港幣，檯前有一張新的全家福。

4 歲的兒子現已是 18 歲，從坐在父母中間變成站在父母後面。

故事講解（場外音）
香港在 97 年回歸後，
在新政府的帶領下享受了一段非常快樂的時光，
但隨著亞洲金融風暴，
大鱷索羅斯也來香港部署衝擊香港的聯繫匯率，
香港的經濟每況愈下。

林裁縫拿著新的全家福仔細觀看。

故事講解（場外音）
（繼續）
昔日富有並帶些傲氣的生意人——
林裁縫此刻也有些焦慮。
西裝生意一直在走下坡，
他已不能像過往般享受生活了。

林裁縫的手指停在 18 歲的兒子 Chris 上。

林裁縫
（面向新的全家福）
我的香港已不在，
我擔心你們這代無法過我以往快樂富有的生活。

內景： 林裁縫的家　晚上
林家正在準備晚飯。

智豐/Chris
（略有考慮後才講）
爸，我上週在單車徑因意外，
遇到了一位我喜歡的女孩。

婷婷
是什麼意外，她有名字嗎？

智豐/Chris
當然，她叫碧玉 Scarlet Song。
她在大學讀護士，平時教鋼琴。

林裁縫
意外認識？

智豐/Chris
是！
我在單車徑散步，
她從後面撞到我，幾乎車過我。
她也跌倒，刮傷膝蓋。

婷婷
還好，她是學醫的。

智豐/Chris
只是刮傷少少，不嚴重，
但可能是傷了她的自尊心。

林裁縫
我的自尊心也跟隨英國人走了，
我們的過去已經過去，
現在一家人都要努力。

婷婷
但我們仍然是一家人在一起，
這才最重要。

內景：　林裁縫的家　晚飯後　（持續）

智豐/Chris
（結結巴巴地講）
爸，意外是我造成的，
我答應請她去吃晚飯，
你是否可以先給我零用錢？
只是這次，下不為例。

林裁縫
我的生意目前是每況愈下，你不知現在賺錢多難，
我比以往更辛苦才賺到錢。
你只是懂花錢，而且還要花未來錢？

智豐/Chris
我講過，只是這次，無下次，我保證。
因為我很想約她。

林裁縫
要多少？

智豐/Chris
4 百元。

林裁縫
4 百元？
為了一個意外認識的女孩？

智豐/Chris
她名是碧玉。
我保證你們很快會見到她。

林裁縫
（有些生氣）
我做三件一套的西裝才賺 4 百，你們兩人一餐晚飯就要 4 百。
你要花這個錢去請你意外認識的女孩？

智豐/Chris
（眼神堅定地）
她非常特別！

林裁縫
（沒好氣地）
你對！她非常特別！
4 百元一餐晚飯也特別！

林裁縫沒有回應 Chris，只是用手指輕敲桌面，在盤算著。
林裁縫慢慢地站起來，走到抽屜裡取了一疊港幣，
數了 4 百元放在 Chris 面前的桌面。

<u>智豐/Chris</u>
我不會再向你要！

當 Chris 伸手去取錢時，林裁縫的手按著 Chris 的手。

<u>林裁縫</u>
（充滿父親的口吻）
如果這位意外認識的女孩對你如此重要，
我要幫你做一套西裝，
穿新西裝請她晚飯，你會給她好印象。
不過，放學後你要來店鋪幫忙，
無人工！OK？

<u>智豐/Chris</u>（開心地）
OK！

林裁縫鬆開手，Chris 拿錢放進口袋。

<u>林裁縫</u>
男人就是要賺自己的麵包錢！

Chris 高興地不斷點頭。

<u>內景：</u>　老上海洋服店　白天
林裁縫在為兒子量身做西裝，要求 Chris 站挺站直。

<u>蒙太奇剪輯：</u>　林裁縫為 Chris 度身訂造第一套西裝

林裁縫各種量身及剪裁和車縫的動作剪輯，看得出林是位手藝精煉的裁縫。
西裝最後整燙完成。

Chris 在三面鏡前試穿，非常帥氣，Chris 高興地給爸爸一個擁抱。

<u>故事講解</u>（場外音）
Chris 體會到父親的做人做事的態度，
對父親充滿敬意，父子情悠然可見。
（繼續）
中國古語有云「百煉成鋼」，
男人就是要經過各種磨練才有成就，
往後的日子正是説明的這個道理。

內景： 高級西餐廳 晚飯
Chris 穿著淺色襯衫，鮮色的領帶，配上爸爸做好的新西裝，非常帥氣。
碧玉穿著連衣裙，非常秀氣。

兩人正在享受燭光晚餐。

鏡頭中可見有一個小禮物盒在餐枱靠近碧玉的位置。

碧玉/Scarlet
（四處望了望然後講）
我從來沒來這樣豪華的地方，太漂亮了！

智豐/Chris
（開心地笑了笑）
不是約你，我也不會來這裡。

碧玉/Scarlet
你在奉承我，我不習慣。

智豐/Chris
我是講真的，我就是想認識一位女孩，
結果在單車徑妳就撞到我。

碧玉/Scarlet
既然你這樣講，我應該先送個小禮物給你。

碧玉露出了只有少女才有的可愛笑容。

碧玉/Scarlet（繼續）
我想你會喜歡。

Chris 接過禮物盒，一邊打開一邊講。

智豐/Chris
是妳給我的，我一定喜歡！

禮物盒打開。

智豐/Chris（繼續）
Oh，毛毛豬！妳想得真周到！

碧玉/Scarlet
（開心地笑著）
是，我的確是這樣想，豬豬。

智豐/Chris
（開心地伸手握住碧玉的手）
是，的確很有心思，我喜歡。
真是好開心！

碧玉/Scarlet
你喜歡，我都好開心！
約女孩要有規矩。
我答應爸爸 9 點回家，
我餓了，點餐吧。

Chris 的手還是握住碧玉的手，另一隻手舉起餐單呼喚服務生。

智豐/Chris
點餐！

外景：　商場的櫥窗　早上
字幕：　2001 年 9 月 11 日

一大群人圍著看櫥窗的大電視，電視新聞正在報導 9/11 紐約被襲擊。
電視上出現大字幕「New York LIVE — 紐約現況」。

同時，新聞也在報導香港股市全面下跌，眾人非常緊張，林裁縫是其中之一。

故事講解（場外音）
9/11 紐約被襲擊，
導致全球股市暴跌，
香港作為國際性城市當然受牽連，
不單是股票市場，
香港的物業市道也大受衝擊，
歐美旅客大減，消費意欲大降。
（繼續）
洋服鋪的生意當然也是一落千丈，
作為一位曾經賺過錢也驕傲過的林裁縫，
此刻正在承受打擊。

內景： 碧玉的家　下午
碧玉的家是非常普通的中產家庭。

碧玉正專心地在小型電子琴上彈奏《Auld Lang Syne / 友誼萬歲》。
從碧玉的表情可以看出，她非常喜愛彈琴。
碧玉見 Chris 非常認真地聽，笑了一笑，繼續彈奏了《Red River Valley / 紅河谷》。
Chris 在旁，安靜地坐著聽，眼睛也停留在碧玉的每個動作和表情，眼神充滿愛意。
鏡頭拉開，在電子琴上方的牆上，有一面國民黨的青天白日旗，有碧玉爸爸身穿戎裝的軍人照片。
碧玉的爸爸曾經是國民黨軍醫，目前在港行醫。

蒙太奇剪輯： Chris 和碧玉在熱戀

在街上吃一個雪糕，在海邊騎雙人單車，兩人吃一個 Pizza，
手拖手散步聊天，在商場 Window shopping，
Chris 很想買些碧玉喜歡的物品，但打開錢包總是所剩無幾。
雙方熱吻 Say bye-bye。

故事講解（場外音）
雖然都還在讀書，但這對初戀小情人在落堂後總是形影不離，
每次說再見都是為了下次見面做準備，
而暫時的分開也都充滿甜蜜的遺憾。
Chris 的零用錢和做 Part time 教英文的外快，每月都花得光光。

內景： 二手車行維修站　白天
工人們在維修車輛，有位看場的彪型大漢坐在老闆冷氣房門口。

未滿 22 歲的 Chris 出現了，在這樣的環境下，他顯得很不自然。

智豐/Chris
（不是很肯定地問）
聽說這裡可以借錢，是嗎？

彪型大漢毫無表情的站起來，拍了拍 Chris 的腰位，略為檢查之後認為安全，點頭示意可以進入。

彪型大漢用特定的方法敲了敲門，Chris 被請進入。

阿陳
（從寫字樓內講）
進來！

Chris 推門進入，見到阿陳（高利貸者）半躺在沙發上。
有兩位性感女郎陪伴著，在茶几上可見吸毒用具。

智豐/Chris
我是來借錢的，
來對地方嗎？

在阿陳兩側的女郎露出了咯咯笑聲。

女郎甲
除了錢你還可以有其它的，
如果你喜歡。

女郎乙
借到錢你就可以花些錢，
你會更開心。

智豐/Chris
（停留一下）
我只是，只是想借些錢。

女郎甲
Yes，No money no honey，靚仔。

阿陳
我要講正經事，你們出去。

兩位女郎起身離開，女郎甲離開時停在 Chris 面前，
用手摸了一下 Chris 的面頰。

女郎甲
你有空可以經常來，
一小時也可以，靚仔。

説完後女郎甲離開。

阿陳
（笑著講）
大人的玩具，搞到我好煩。
你想借錢，OK，要多少？

智豐/Chris
我想借 3 千，時間一個月。

阿陳
（笑了笑）
絕大多數來借錢的都是 1 萬起，
很少只借 3 千。
過來坐，我們相互了解一下。

Chris 坐近沙發，見吸毒工具在旁，感覺非常不安。

阿陳（繼續）
我通常不做太少錢的生意，
即使高息也不划算。

智豐/Chris
我保證一定會準時還錢！

阿陳
如果你還不了，你就欠我一個人情，甚至兩個。
若你連我的人情都不理，門口的大隻佬就會找你。
到時就不好看了。明白嗎？

智豐/Chris
明白！

阿陳從腰間摸出一疊鈔票，數了 3 千給 Chris。

內景： 香港大會堂 音樂廳 傍晚
當晚是鋼琴家 Richard Clayderman 的個人表演。

碧玉全神貫注，非常欣賞這位鋼琴家的表演，當時正在演奏《Mariage d'Amour
/ 夢中的婚禮》。
Chris 握住碧玉的手，看著她陶醉在音樂中。

外景： 香港大會堂外　中西區海濱長廊　晚間
音樂會後，碧玉和 Chris 手拖手在海濱長廊漫步。

碧玉哼著剛聽過的鋼琴曲《Mariage d'Amour / 夢中的婚禮》。
碧玉一隻手拖著 Chris，一隻手在打鋼琴曲的拍子，仍然陶醉在音樂中。

Chris 停下腳步，深情地熱吻碧玉，倆人緊緊地擁抱。
音效：《Mariage d'Amour / 夢中的婚禮》鋼琴曲一直是背景音樂

內景： 香港黃金海岸酒店　海景房　初夏的夜晚
窗外，陣雨過後，天空晴朗，海景秀麗。
窗前，Chris 與碧玉擁抱，相互充滿愛意地注視著對方，

Chris 抱起碧玉到床上。

故事講解（場外音）
（慢慢地敘述）
初夏的雨夜，在香港黃金海岸酒店的海景房，
這對小情人初嘗愛果，
此刻的激情也從此改變的他們的生活。
（繼續）
習慣花費的 Chris 當然也無法還清欠阿陳的貴利債，
這個後生仔也明白將要承擔的後果。
（繼續）
Chris 最終被逼要為阿陳帶毒品還錢，
走上此途，對碧玉是災難性的打擊，
但 Chris 沒有告知她。
（繼續）
這浪漫的一夜也注定了這對小情人要分道而行，
而不知要多少年才能重新會合。

內景： 香港國際機場大堂　夜晚
一隻緝毒犬似乎有些不安的動作，英國警官用眼神指揮兩位本地警員留意 Chris。

當 Chris 與入境的旅客散去，兩位本地警員緊隨其後。

一位警員拔出警棍，另一位控制著警犬。

警員甲
讓一讓！
前面的男士請停一停。

Chris 並沒有理會，繼續快步走。

警員乙
（放出警犬）
Get him！

警犬撲上 Chris，咬住他的腳，令他跌倒在地。

Chris 的行李也打翻在地，藥丸和粉劑毒品地上可見。
警犬站立在 Chris 旁邊。

警員甲
相信你都帶了許多次了。
上鎖，我要匯報。

警員乙為 Chris 戴上手銬。警員甲用無線通話機匯報。

警員甲（繼續）
發現一位毒販，毒品在行李箱。

內景： 香港國際機場警署 夜晚 （持續）
智豐被關在拘留室，門鎖已鎖上。

警員甲
後生仔，你犯罪，
要付出時間代價。
法庭見啦！

警員乙手持警棍經過，掃了一下鐵窗柱。

警員乙
一些人利用你這樣的年輕人去賺錢，
他們賺錢，你在這裡為他們埋單，
時下的年輕人真蠢！

Chris 坐在拘留室的床邊，雙手抱頭痛哭。

他牢房中的燈自動熄了，只見大廳處如幽靈般的昏暗照明。

警員乙
夜晚，熄燈！

警員離去的腳步聲迴盪在大廳，
隨著聲音逐漸消失，傳來鐵門關閉的門閂聲。

內景：　法庭　白天
被鎖上手銬和腰鏈的林智豐站在英國女法官前，
在他背後，爸爸林裁縫，媽媽婷婷和心愛的碧玉都傷心地坐在聽眾席。

女法官
年輕人，
你因販運毒品罪而要被判刑，
在我發出判決之前，你有事想講嗎？

智豐/Chris
（聲音顫抖非常羞愧地）
我非常後悔，
我攜帶的毒品，
傷害了很多人，
都是我從未見過的人。
我傷害最深的是我愛的人：
我爸爸，我媽媽，以及我摯愛的碧玉。

Chris 轉身回望父母及碧玉，滿面淚水。

智豐/Chris
（繼續）
我實在為我的行為後悔，
實在對不起大家，
希望有一日，
你們可以原諒我。

林智豐再轉身面向女法官。

18

<u>女法官</u>
林智豐，由於你犯了販運毒品罪，
本席考慮了所有你承認的事實及表現，
本席宣判你入獄 10 年。
（繼續）
（慢慢地）
年輕人，在你離開法庭前我想告訴你，
在監獄裡的時間你應該好好地運用，
學習你可以學到的技能，為你的將來做準備。
（木槌敲下）
把他帶走。

兩位法庭警衛帶智豐離開法庭。智豐回望家人，每人都在流淚。

<u>外景：</u>　赤柱監獄　閘口　早上
<u>字幕：</u>　赤柱監獄 / Stanley Prison（2004 年 11 月）

林裁縫，婷婷和碧玉都站在閘門口，神情憂傷，他們等待囚車到，要目送
Chris 進監獄。

閘門開，囚車到，Chris 在囚車上發現家人在場，淚水突然湧出，他戴著
手銬，抹了下淚水，用力吻了自己的雙手，然後將雙手緊緊地貼在囚車
帶鐵絲網的玻璃窗，雙目一直望著家人。
在閘口的家人只能哭別 Chris。

囚車慢慢地進入監獄，閘門徐徐放下。

<u>婷婷</u>
（無奈的望著碧玉）
碧玉，10 年對妳實在是太長了。

<u>碧玉/Scarlet</u>
（傷心地望著婷婷）
但我的心跟我講，我要等他。

婷婷嘆了一口氣，慢慢地在掛包中取出碧玉送給 Chris 的毛毛豬，
雙手還給碧玉。

<u>婷婷</u>
你保留吧，你會有開心的回憶。

從婷婷手上接過毛毛豬，碧玉情緒激動，緊緊地抱住婷婷大哭，婷婷抱著碧玉也是淚流滿面。

稍作停頓（鏡頭聚焦在碧玉的眼睛）

碧玉抱著婷婷，傷心地抽泣著，但她的目光中慢慢顯示出她個性堅強的眼神，就如當年騎單車撞到 Chris 跌倒時爬起來一樣。她不動聲色，悄悄地把毛毛豬放進婷婷的掛包。

碧玉/Scarlet

（抽泣地講）

我今世人都不會忘記這段快樂的時光！多謝你，Auntie。
我想妳幫我將毛毛豬交給 Chris，要在他生日前，
我知道，阿豐現在比我更需要這個毛毛豬。

故事講解（場外音）

（無可奈何的聲調）

這對初戀情人，面對長達 10 年的贖罪，
只有到時才知道如何重新建立新的生活，
（最後一句的語速非常慢）
而雙方此刻也不知道是否還會見面。

內景： 智豐的囚室 晚間
Chris 拿著剛剛寫完給碧玉的信。

智豐/Chris

（情感激動地朗讀）

我親愛的 Jasper，我的寶貴石頭，在這裡我無時無刻都在想妳。
過去幾年與妳在一起，是我最美好時光
若沒有這些回憶，我估計我早已經瘋了。
（繼續）
這裡的日子不好過，但一想到妳就覺得可以撐下去。
我要面對漫長的牢獄生活，雖然知道結局，
但這是相當長的時間，特別是對妳而言。
我要在這裡囚禁十年，對你來説太漫長了！
所以，我懇求妳離開我，另外找男朋友，
這位幸運的男士一定可以比我更好地照顧你。

內景： 碧玉的睡房 晚上
碧玉在看信，繼續讀信的下半部分：

碧玉/Scarlet
（在哭泣下讀）
妳應該有一個現實的生活，離開我吧，
雖然我很無奈，但我會為妳高興。
（一邊讀一邊哭）
相信妳也知道，但我還是要講，
我深深地愛你，你是我生活中最重要的人，
親愛的 Jasper，我的碧玉。

碧玉讀完後，深深地吸了一口氣。
碧玉繼續看信，Chris 的聲音繼續：

智豐/Chris（場外音）
（堅定的聲音）
妳現在要重新起步，離開我去尋找新的生活，
妳一定會有，也應該有美好的將來。
Chris

碧玉眼淚滿眶。

內景： 赤柱監獄 食堂 晚飯時間
Chris 手捧住餐盤，目光四望，希望能找到一個用餐的座位，但沒有人願意讓
他坐在旁。無奈之下，他只能在廚房垃圾桶旁邊找到一個座位。

他坐下來，嘆了口氣，看著餐盤。

智豐/Chris
（自言自語）
這樣的生活我要捱十年？

Chris 慢慢地站起來，將整盤未吃的食物倒進廚餘垃圾桶，抹乾淨餐盤，放好
在收集處。

他慢慢地走向操場，黃昏天色開始漸漸灰暗。

外景： 赤柱監獄 操場 黃昏將盡
操場開始亮燈，燈光昏暗。

Chris 獨自在操場散步，快樂的回憶在他腦海中迴盪。

<u>蒙太奇剪輯：</u>　過往的三個場景重現
<u>碧玉/Scarlet</u>（過往聲音）
你是聾是啞還是蠢，還是三者都是？
我一直在響鈴，但你都沒反應，你應該離開單車徑讓我！
<u>智豐/Chris</u>（過往聲音）
對不起，我正在想如何認識一位女孩，想不到你就來到我腳下。
<u>碧玉/Scarlet</u>（過往聲音）
蠢豬！

<u>智豐/Chris</u>（過往聲音）
4百，她非常特別！
<u>林裁縫</u>（過往聲音）
你對！她非常特別！
4百元一餐晚飯也特別！

<u>智豐/Chris</u>（過往聲音）
Oh，毛毛豬！
妳想得真周到！
<u>碧玉/Scarlet</u>（過往聲音）
是，我的確是這樣想，豬豬。

<u>內景：</u>　碧玉的睡房　白天
碧玉靠在床邊，目光注視著家用懷孕檢測棒，檢測棒顯示懷孕。
碧玉目光無神，呆呆地在想。

<u>內景：</u>　碧玉的睡房　白天　（持續）
碧玉背向房門，側臥在床。
碧玉的父母，宋醫生和宋太太，進進出出碧玉的睡房，正在責備碧玉。
從父母的表情和進出的步伐可見，他們非常吃驚，並且生氣。

<u>宋太太</u>
妳做出這樣的事，
你對得起為妳辛勞一輩子的爸爸嗎？

<u>宋醫生</u>（嚴肅地講）
這實在是一種羞恥，未婚先孕，而且男人還進了監獄。
實在太丟人了，我們一定要處理好。

<u>宋太太</u>
要盡快處理，不能丟宋家的面子。

宋醫生
（認真地説）
妳盡快回台灣，與你姑姑住，她會安排你墮胎。

父母發完脾氣後離開，碧玉強忍哭聲，但淚流滿面。

碧玉/Scarlet
（自言自語地問）
若我有一個孩子但沒有爸爸，這會是怎樣的生活呢？
在當今的社會可以接受嗎？
若按父母的要求去墮胎呢？
我真的不想要這個孩子嗎？
我的路應該如何走？

內景： 赤柱監獄　探訪區交流位　白天
碧玉進入探訪區，見其它的探訪人都在匆忙地交談，知道探訪有時間限制。

第一次見到 Chris 身穿囚衣，坐在玻璃間隔的對面，碧玉顯得非常傷心。

Chris 雙眼聚焦在碧玉，目光中帶著無奈，慢慢地雙方拿起話筒。

智豐/Chris
Hello my love，
妳還是那麼漂亮，跟以往一樣。

碧玉/Scarlet
（勉強地笑了笑）
你還是一樣，懂得逗人開心，
聽到你這樣講，我心情都好些。

智豐/Chris
（無可奈何地）
這裡的生活實在難適應，你近況如何？

碧玉/Scarlet
（嘆了一口氣）
也是非常非常麻煩！

智豐/Chris
Oh No！快些告訴我，My precious stone。

<u>碧玉/Scarlet</u>
（目無表情地講）
是這樣，我爸爸媽媽要送我回台灣與親戚住，
他們認為我要有新的生活。

<u>智豐/Chris</u>
（眼睛一亮堅定地講）
如我給妳的信中所寫，我現在也要講，
我會為妳開心，妳應該有妳的新生活。
放心，我會在這裡活下去。

聽到 Chris 如此冷靜地回應，碧玉的眼淚奪眶而出。
她講不出話，只是吻了自己沒有持話筒的手，然後用力按在玻璃間隔上。
碧玉慢慢地放下雙手，起身離去。

限時 30 分鐘的探訪時間只用了不足 10 分鐘。
離開探訪區前，碧玉回頭再望了 Chris 一眼。

垂頭喪氣的 Chris 呆呆地坐著，沒有持話筒的手還緊緊地貼在碧玉的手剛剛
停留過的玻璃隔上。

<u>內景：</u>　碧玉的睡房　傍晚
在收拾行李時，碧玉停了下來，準備寫一張生日卡給 Chris。

<u>故事講解</u>（場外音）
不同於羅密歐與朱麗葉要以死相隔，
這對小情人要以漫長的時間相隔。
Chris 在獄中，碧玉被放逐台灣，
他們承受的痛苦一樣，只是形式不同。
一旦碧玉接受了墮胎，她將由台灣姑媽安排去約見其他男朋友。
（慢慢地）
碧玉懷孕了，但她一直沒有告知 Chris，
也沒有告知 Chris 的父母。

寫完給 Chris 的生日卡，碧玉取出自己的香水噴在生日卡上，然後包進信封。

碧玉的床頭櫃上有一張她與快樂的 Chris 的合照，碧玉將生日卡放在照片旁。

碧玉走向電子琴，傷心地彈了歌曲《Romeo & Juliet / 羅密歐與朱麗葉》開頭
的一段。

<u>內景：</u>　智豐的囚室通道　晚間
一位獄警用警棍敲了敲智豐的牢房鐵窗。

<u>獄警</u>
你媽媽今天留下這個盒給你。

<u>智豐/Chris</u>
Oh，多謝！Sir！

Chris 打開盒蓋，見到是碧玉的毛毛豬，面上露出開心的笑容。

<u>獄警</u>
安全理由，我們打開過。你真是個大細路。

<u>智豐/Chris</u>
是，我的確是！

<u>獄警</u>
今天也收到你的一封信，由於有氣味，安全理由，我們也開過啦。

<u>智豐/Chris</u>
這樣麻煩你啦，我要再多謝你，Sir！

Chris 接過信封，只是聞到氣味，他已吃驚，眼睛一亮。

<u>智豐/Chris</u>（繼續）
（手捧著信封還未打開就自言自語）
Oh，My precious stone！

Chris 先吻了吻毛毛豬，並放在床頭櫃上。

<u>智豐/Chris</u>（繼續）（自言自語）
這是我在這裡唯一的快樂！

Chris 再次聞了信封，打開後看到是生日卡。

<u>智豐/Chris</u>（繼續）（讀生日卡）
我相信此刻你已經收到我安排你媽媽轉給你的毛毛豬，

Chris 讀完後笑了笑。

25

<u>碧玉/Scarlet</u>（場外音）
另外，我也要告訴你，
我正準備離開香港回台灣，當然，這不是我的意願。
（繼續）（堅定地）
你的建議我心領，但我的回答是 No！No！
我不會去約會其他人，我要等你。
沒有你的日子，無論時間多長，無論生活會多艱苦，
我都會等你，等你，等！

Chris 站立起來，深深地吸了一口氣。

<u>智豐/Chris</u>
我們一定會重新在一起，過我們的幸福生活！
這就是我給你的生日祝願，
永遠愛你的
Jasper

Chris 再次親切地深吻生日卡，並將生日卡和毛毛豬一起放在小床頭櫃上。
擺放的地方成了 Chris 精神寄託的迷你聖殿，他慢慢地斜躺在床上，雙眼濕
潤。Chris 的腦海中出現了碧玉第一次在高級餐廳約會時的可愛笑容。

蒙太奇剪輯：　Chris 與碧玉的初次約會重現
鏡頭回到 Chris 與碧玉在高級餐廳約會時，碧玉露出少女才有的笑容。

內景：　碧玉的家　白天
碧玉坐在電子鋼琴前，雙目充滿淚水，深情地彈奏《Romeo & Juliet／羅密歐
與朱麗葉》最後幾小節。關上電子琴，把還放在琴上的那張與 Chris 快樂的合
照收進行李箱內。

外景：　碧玉的家　白天　（持續）
一架的士停靠在附近，碧玉的爸爸，宋醫生推著碧玉簡便行李走向的士，並將
行李放進車尾箱，碧玉側身進入後座。
碧玉隨手要關門，但宋醫生保持開門的狀態並教導碧玉。

<u>宋醫生</u>
今後的日子，你會感激我和你媽媽這次的決定，
這些都是為了妳的將來。
妳姑媽將會為妳安排一切，
包括約見一些非常適合妳的優秀男生，
台灣會是妳新生活的開始！

<u>碧玉/Scarlet</u>
（輕輕地抹了一下眼淚）
此刻在我的腦海中太多想法，
但不知應該如何面對。
我知道你們愛我，我也愛你們，
若我需要幫助，我一定會告訴爸爸你和媽媽。

<u>內景</u>： 台灣　桃園國際機場　白天
字幕： 2004 年 秋天

機場入境處，碧玉拖著簡便的行李在辦理入境。

故事講解（場外音）
從香港到台北，
飛行時間不足兩小時，
但還是不夠時間讓碧玉決定如何在台灣生活。

步出機場，碧玉登上了一輛計程車。

故事講解（場外音）（繼續）
碧玉是否應該按父母的意願，接受墮胎，
並按姑媽安排，約見其他男士，過另一種生活？
還是違背父母的意願，按自己的心願過日子？
從碧玉的臉上可以看出這是痛苦的決定。

<u>外景</u>： 台灣　台北　三軍總醫院　入口處　白天
碧玉挺住明顯的肚子，拖著簡便的行李慢慢進入。

故事講解（場外音）
到台灣後的第一件事比較簡單，
就是用超聲波掃描檢查胎兒，
接下來的事就相當複雜，
可能導致碧玉要多年後才能返香港。
作為未婚媽媽，碧玉不得不非常理性地作出決定。

<u>內景</u>： 台灣　台北　三軍總醫院　婦產科　白天
婦產科，牆上掛著各種關於婦產科的資料及圖片。

進入檢查室，一位台灣護士正在用超聲波檢查碧玉明顯突出的腹部。

台灣護士
（望著超聲波對碧玉講）
恭喜妳，是個男孩！
若妳需要，我可以在超聲波拍張照給你留念，記住這個開心的日子。

碧玉/Scarlet
（勉強無奈地笑了笑）
謝謝，這一天無論如何都應該是開心的！

台灣護士
我明白了，妳是希望有個女孩是嗎？

碧玉/Scarlet
只要是一個健康的孩子，男女都無所謂。

台灣護士
是的，大多數的準媽媽都是這樣講，
最快樂的事，就是成為媽媽！特別是第一胎。

碧玉/Scarlet
是的，但實際情況比較複雜。

台灣護士
不！一點都不複雜！
三軍總醫院是台灣最好的醫院，每年有許多嬰兒在這裡出生。
妳完全可以放心，妳一定會是個快樂的媽媽。

碧玉/Scarlet
（苦笑了一下）
我不是講醫院，是講我自己。好吧，給我一張照片做個記念。

外景： 赤柱監獄 操場 白天
字幕： 2006 年

Chris 被音樂聲吸引，歌曲是他第一次去碧玉家時，碧玉彈的《Auld Land Syne / 友誼萬歲》。隨著音樂聲望過去，是一位外籍囚犯在吹口琴，他獨自坐在牆下吹奏。

智豐/Chris
你好，你吹奏的音樂令我想起一個人，
自從我進來這個鬼地方就很少見到她啦。

Oliver/歐利華
鬼地方？當然是！
四圍都是鐵欄，鐵閘，晚上有檢查，食物實在太難吃。
只有音樂可以令我忘記一切，看來我長期都要吹口琴。

智豐/Chris
（苦笑了一下）
放心啦，你好快就會適應的。
你是新進來的，犯什麼罪？

Oliver/歐利華
我偽造上市公司文件被發現，
這裡會是我今後 3 年的家。你又如何？

智豐/Chris
為了還債我幫人運毒品。
（Chris 伸出手與 Oliver 握手）
我的名字是 Chris，歡迎來到赤柱監獄。

Oliver/歐利華
我是 Oliver/歐利華，如同 Oliver Twist 的 Oliver。

智豐/Chris
（笑了笑）
我看你不像是為收養人工作的孤兒！

Oliver/歐利華
（眼睛一亮有些吃驚）
Wow，看來是個讀書人！有些出乎我預料之外。

智豐/Chris
我大學主修英文，課餘時間幫人補習英文，
我爸爸是個西裝裁縫，我經常要幫他應付鬼佬客。

Oliver/歐利華
為何運毒呢？

智豐/Chris
（笑了笑）
不要提了！

Oliver/歐利華
（嘆了口氣講）
在金融市場，當你知道是風險，其實已不是風險，
但在現實生活中，若這是風險，就一定會是風險。

智豐/Chris
你在講什麼？

Oliver/歐利華
好，我講具體些。
我過去在金融市場操作衍生品，是期權！
這是有風險的金融產品，但我明白風險，所以就可以靠迴避風險而賺錢。

智豐/Chris
有風險，但你會迴避，就仍然可以賺錢。明白多少，有興趣！

Oliver/歐利華
可是我偽造文件，的確是撈了一筆，
不過最後被發現，就要承受風險，現在就要付出代價。

智豐/Chris
我是愚蠢！為了還債，代價十年！

Oliver 將口琴放回口袋。

Oliver/歐利華
（嘆了一口氣）
若我不去偽造文件，保持操作期權，
我也可以賺不少錢，只是賺得慢了些。
偽造文件是賺快錢，但也是愚蠢！
一旦被發現，我就要坐 3 年監，也就無法操作期權賺錢。

智豐/Chris
（好奇地問）
我不懂，但為何你可以如此輕鬆地操作期權賺錢？

Oliver/歐利華
（嚴肅地答）
一點都不輕鬆！
只不過期權是在金融市場上最值得學的投機工具。

Oliver/歐利華（繼續）
要成為一位成功的操手/Trader，
的確是要有多少天份，還要有專業的知識，
再加上一點點運氣，你會賺得好開心！

智豐/Chris
我看這種賺錢方法很有趣，可能如同下棋，是嗎？
我有興趣學，你可以教我嗎？

Oliver/歐利華
（狡猾地看了 Chris 一眼）
好，反正 3 年時間在這裡也沒特別事做，可以！
你也可以教我講中文，OK？

智豐/Chris
OK 教中國人講英文是我的強項，
教你們鬼佬講中文我一樣 OK。
你會講中文，一定有中國妹鍾意你啦！

Oliver/歐利華
好，就這樣定！
這是與你的第一單 Deal。

內景： 赤柱監獄　囚犯閱讀室　白天
有些不耐煩的 Oliver 在吹奏口琴，不時抬頭望操場，他在等 Chris 到來。
Chris 到了，比約定的時間遲了些。

Oliver/歐利華
（不客氣地講）
我們都是要早起的人，我不喜歡遲到的人。

跟著，Oliver 在一張白紙上畫出期權的 4 條線性圖後交給 Chris。

Oliver/歐利華（繼續）
我們開始吧。期權是一個對時間敏感的投機工具，
一旦持有，你就會損失時間值，所以操作期權，時間觀念非常重要。

智豐/Chris
（醒目地立即講）
今後一定不會遲到，我不會令老師討厭我。

<u>Oliver/歐利華</u>
期權的選擇性很強，既可以選擇時間，還可以選擇價格。
買方付出期權金，可以有權買也可以有權賣指定資產，但沒有責任，
賣方收取期權金，但有責任買或有責任賣指定資產。
金融市場運用期權，可以增加收益，
也可以對沖風險，更多的就是投機。

<u>智豐/Chris</u>
（似乎聽得一頭霧水）
你是在講哪種語言，我一句都聽不明白！

<u>Oliver/歐利華</u>
（嚴肅地）
這是生意的語言，
是如何賺錢的語言，
你要賺，就要學！

<u>智豐/Chris</u>
Yes Sir！

<u>Oliver/歐利華</u>
作為你，開始就是學如何持股增加收益，
然後，就是學如何投機產生現金流，
當你有了一定數量的財富，你就要學對沖。

一個獄警走過來，休息時間完了。
Chris 立即收拾好自己的筆記和 Oliver 給的圖，同 Oliver 一起離開。

<u>外景：</u>　赤柱監獄　操場　白天
放風時間，Oliver 和 Chris 在散步。

<u>智豐/Chris</u>
你口琴吹得非常好，你經常練習嗎？

<u>Oliver/歐利華</u>
要在這裡住 3 年時間，
只要有機會我一定會練習，
也讓我在這裡容易過些。

Oliver 講完就從口袋中取出口琴。

<u>Oliver/歐利華（繼續）</u>
我講點口琴的故事。這個迷你樂器安撫人的心靈，
有近 200 年的歷史，Mattia Hohner 是現代口琴的創作者。

Oliver 將口琴上 Hohner 的名字指給 Chris 看，
並即興吹了 do re mi fa so（1 2 3 4 5）。

<u>智豐/Chris</u>
太好啦！這麼小的樂器可以變化出這麼多聲音，真美妙！
你可以吹《Red River Valley / 紅河谷》嗎？

<u>Oliver/歐利華</u>
當然！

Oliver 和 Chris 靠在操場的牆上，Oliver 吹奏《Red River Valley / 紅河谷》，
Chris 閉眼聆聽。Oliver 吹得很投入，Chris 也聽得非常入神。

<u>Oliver/歐利華（繼續）（完成吹奏後）</u>
這首傳統的美國牛仔歌對你有特別的意義嗎？
似乎你在想女朋友？

<u>智豐/Chris</u>
是的，是在想女朋友！
這也是我第一次去她家時她彈過的曲。
特別是在夜晚，躺在囚房，我非常想念她。
她喜歡彈琴，如果我可以吹口琴與她一起演奏，多浪漫啊！

<u>Oliver/歐利華</u>
口琴是呼吸的樂器，要用你的呼吸傳達你的情感。

Oliver 又示範了一句顯示情感的強弱音。

<u>Oliver/歐利華（繼續）</u>
這個小樂器表達情感時也有吸引力，
我吹《Auld Lang Syne / 友誼萬歲》的原因就是要找志同道合的朋友，
我們就是由口琴認識的。

<u>智豐/Chris</u>（充滿羨慕地望著 Oliver）
我也要向你學吹口琴！

Oliver 得意地笑了笑。

<u>內景：</u>　赤柱監獄　囚犯閱讀室　白天
Oliver 正在準備上課用的紙張，口琴放在一旁。

Chris 到了。

Oliver/歐利華
今天如何？期權還是口琴？

智豐/Chris
大師，先口琴後期權。
若果我能學會這兩樣，我將會是個快樂的人，
我的生活也會非常開心！

Oliver 笑了笑，炫耀地吹了幾句。

Oliver/歐利華
要學好口琴，第一步要理解歌曲，這樣你才懂得如何表達。
要理解歌曲就要學會看歌譜，
這一步你必須學會，否則其它免談。

Oliver 又示範了一句。

智豐/Chris
明白，要有能力讀歌譜。

Oliver/歐利華
然後練呼吸，如何吹出不同的音階。
這與學期權一樣，是要花時間的。

智豐/Chris
（樂觀地講）
沒問題，我要在這裡住 10 年，
等到我離開時，這兩樣我都會是高手。

Oliver/歐利華
（笑著講）
好啦，未來的高手先生，我們開始期權吧。
我們操作的期權都是交易所的產品，分指數期權和股票期權。
這兩種期權都是來自同一個期權家族，
但兩者的操作方法非常不同。

智豐/Chris
等等，我要做筆記，
這樣方便我在晚間溫習。

Oliver 望著 Chris 寫筆記，滿意地點點頭。

智豐/Chris（繼續）
OK，請你繼續，大教授。

Oliver/歐利華
期權只是一個工具，你要用的好，就要研究市場，
計算好對波幅的預期，制定適合自己的策略。

智豐/Chris
哈，聽起來就是盤生意象棋。

Oliver/歐利華
是的，但你要記住，這是一個戰場，
只有聰明人才能生存並且賺錢，
甚至是賺大錢，因為許多人都會輸。

智豐/Chris
明白了，難怪你可以在金融市場賺這麼多錢。

Oliver/歐利華
（得意地講）
努力學習，細心操作，享受回報！

智豐/Chris
（開心地講）
Yes，Sir！

內景： 智豐的囚室　晚上
Chris 正在溫習日間所學。

故事講解（場外音）
認定了目標，Chris 是個有決心的人，
他不斷地整理 Oliver 所教，
寫成自己的學習筆記，
有這樣的人生態度，成功當然在望！

內景： 赤柱監獄 探訪區交流位 白天 （2008 年 秋天）
碧玉，身穿連衣裙，輕盈地走進探訪區，拉開座椅，靈巧地坐在玻璃隔面前，
等待 Chris。從她的動作中可見她比以往更漂亮，更有女人味。

故事講解（場外音）
在台灣生活了幾年，碧玉終於回到香港，
這對情侶急待見面盡述心中情。

數年的牢獄生活，Chris 明顯比以往成熟，他在碧玉面前慢慢地坐下，雙目含
情呆呆地望著碧玉。

稍作停頓（鏡頭聚焦在 Chris 的眼睛）

雙方迅速拿起聽筒，但都沒有講話，只是繼續深情地望著對方。

智豐/Chris
Oh Jasper，我的寶貝玉石，
經過這幾年打磨，看起來妳越磨越靚！
（輕輕地嘆了口氣）
我想妳起身轉個圈，讓我看一看你全身。

碧玉可愛地笑了，猶如第一天在高級餐廳的約會。她站起來轉了一圈，然後再
坐下，拿起聽筒。

智豐/Chris（繼續）（深情地講）
Jasper，唯一遺憾的是我不能擁抱妳，我一直在等待這一天！

碧玉/Scarlet（非常堅定地講）
很快，Chris，我們很快會重新在一起，像以往一樣，一定！

稍作停頓（鏡頭聚焦在碧玉的眼睛）

碧玉/Scarlet（繼續）
你也成熟了，更有男人味，My darling！有許多事要告訴你，你近況如何？

智豐/Chris
我也有許多事要告訴妳，有些還是好事。

碧玉/Scarlet
太好了！你先講！

智豐/Chris
好，是這樣，我正在學習操作金融期權，我一定可以學會，
出獄後，操作期權賺錢，我一定會有體面和誠實的生活。

碧玉/Scarlet
是嗎？你真的是如同當年女法官告誡你那樣？

智豐/Chris
是的！正如她所講，我學到了今後的謀生技能！
我認識了一位鬼佬囚犯，他有豐富的金融知識，目前在教我如何操作期權。

碧玉/Scarlet
（開心地講）
一份正式的工作？好極啦！
（繼續講並揶揄地笑著問）
不再運毒？

智豐/Chris
一定不會！
這是一份真正的工作，我會有很可觀的收入。

碧玉/Scarlet
你是如何認識這位囚犯？

智豐/Chris
是這樣，他是香港出生的澳洲人。
有一天在操場放風，我聽到他用口琴吹《Auld Lang Syne / 友誼萬歲》，
這是我第一次去妳家時，妳彈奏這首曲，我記得。
自我介紹後，我們每天早餐後見面。

碧玉/Scarlet
真是好事！我的好事也不差。

智豐/Chris
快些告知我，希望是你不必再回台灣。

碧玉/Scarlet
是呀！爸爸幫我在香港找了份護士工作，不必回台灣啦！
而我仍然可以在業餘時間教琴，這是我最喜歡的職業。

<u>碧玉/Scarlet</u>（繼續）
但我最開心的是我能在香港，
可以來探你，等你出獄！

聽到碧玉的言語，快樂的 Chris 眼睛望著碧玉，瘋狂地吻話筒，
逗得碧玉開懷大笑。

<u>內景：</u>　赤柱監獄　囚犯閱讀室　白天　（2008 年 11 月）
Oliver 展示一疊《South China Morning Post / 南華早報》一頁一頁地翻給
Chris 看。Oliver 和 Chris 繼續在上課，解釋在熊市中如何運用期權賺錢。

Oliver 在紙上畫出恒生指數高位是 2007 年 11 月的 31,958 點，低位是
2008 年的 10,676 點。

<u>Oliver/歐利華</u>
這些都是報章報導的數據，
操作期權，若你可以有定力在指數期權長期持有 Long Put 倉，
你的風險是非常有限的，但你可以賺到難以想像的錢。
（繼續）
我金融界的朋友告知我，華爾街出了一位大人物 ——
John Paulson，
他操作期權賺到可以讓輸家打折賠錢。

<u>智豐/Chris</u>
Wow，太厲害啦！

<u>Oliver/歐利華</u>
要知道，華爾街佔了全球金融市場 55%的成交額，
我們可以找到大量值得我們學習的個案。

<u>智豐/Chris</u>
我完全明白！
但我感到在如此巨型的金融海嘯中操作期權，膽量也很重要。

<u>Oliver/歐利華</u>
當然，若這是容易的事，中環就不會有這麼多人返工啦！

<u>故事講解</u>（場外音）
Oliver 用華爾街的真實個案，教導及啟發 Chris 的想像力。

<u>故事講解</u>（場外音）
（繼續）
沒有間斷地持續向 Oliver 學習，加上大量真實個案分析，
Chris 的確是掌握了期權操作的技巧，
而且相信操作期權可以是自己今後的賺錢職業。
（繼續）
經過三年的交往，Oliver 與 Chris 不但是師徒關係，
而且還建立了牢固的互信友情。
（繼續）
還有就是碧玉回到香港，
作為一位 Chris 操作期權的合夥人，
她在監獄外提供各種協助，
Oliver 和 Chris 開始賺到了一些小錢。

<u>內景：</u>　赤柱監獄　辦公室的走廊　白天　（2009 年 春）
Oliver 由囚衣換了便裝，第一次穿便裝出場。

Oliver 顯出高智商罪犯的個性：聰明、狡猾、敢冒險。

Chris 捨不得 Oliver 離去，擁抱 Oliver。
Oliver 無言，只是拍了拍 Chris。

Oliver 隨後在行李中取出兩樣物件交給 Chris。

<u>Oliver/歐利華</u>
每當我消沉的時刻，我就是吹口琴，你明的。
另外就是看這本書 ——《Free to Choose》
這本書的作者是 Milton Friedman，他是 1976 年諾貝爾經濟學得獎者。
我就是靠這兩樣捱過來的，你也一定可以！
保重！

他們再次擁抱，沒有更多的話，Oliver 頭也沒回，面對赤柱秀麗的春天景色，
背著簡便的行李，大踏步離開監獄。

剩下的是孤單的 Chris，目送 Oliver 離開。

<u>故事講解</u>（場外音）
Oliver 出獄，將口琴和書送給 Chris，
Chris 在剩餘的日子裡持續練習，也成為一位口琴演奏者。
這本經典書他更是反反覆覆地看，令 Chris 懂得許多資本主義的道理。

<u>內景：</u>　香港期權教室　白天　（2009 年 春天）
陶 Sir 站在白板前，正在研究期權不同行使價的期權金。

枱面的電話鈴聲響起，電話的對話開始。

陶 Sir/Freeman
Hello，期權教室，我是陶 Sir。

碧玉/Scarlet（場外音）
Hello，陶 Sir，我姓宋，你可以叫我碧玉。
我看過你的《信報》文章及期權書，我認為在香港，你是最優秀的期權老師。

陶 Sir/Freeman（神情輕鬆快樂地答）
Wow，非常多謝！希望能幫到妳！

碧玉/Scarlet（場外音）
我要來跟你學期權。

陶 Sir/Freeman
好！新的課程表已上網，妳可以報名上堂。

碧玉/Scarlet（場外音）
我知道，但我想問你是否有單對單的私人堂？我要連續上，要快！

陶 Sir/Freeman
當然有，收費貴些，但時間可以完全按妳的要求。
你識講廣東話，為何要私人堂？趕著要移民？

<u>切換鏡頭：</u>　碧玉的小住所

碧玉/Scarlet
No 啦，我住在香港。但我要好快地向你學，學識後還要去教其他人。

<u>切換鏡頭：</u>　香港期權教室
<u>稍作停頓</u>（鏡頭聚焦在在陶 Sir 皺起眉頭）

故事講解（場外音）
遇到這樣的學員，陶 Sir 當然有些意外，但也在思考。

陶 Sir/Freeman （穩重地講）
我是可以教你如何操作期權的，但我不一定有能力令你成為教期權的老師。

陶 Sir/Freeman（繼續）（停一停）
其實，你可以帶你的朋友一起來上私人堂。
私人堂是按堂收費，幾個人來都可以。

碧玉/Scarlet（場外音）
我明白，但實際情況比較複雜。

碧玉講這句話的音調如同在台灣三軍總醫院的婦產科，對台灣護士所講。

陶 Sir/Freeman
來上堂都複雜？

切換鏡頭： 碧玉的小住所
碧玉/Scarlet（嘆了口氣）
好啦，我照實講吧！
真正想跟你學的人不是我，是我的男朋友，不過，他目前還在赤柱監獄服刑。
他在監獄遇到一位懂得期權的鬼佬囚犯教他操作期權，
我男朋友學得好開心，但這位囚犯老師刑滿出獄了。
（慢慢地繼續）
而我男朋友還是希望繼續學。
他是你《信報》專欄的長期讀者，也欣賞你操作期權的觀點，
所以安排我先來向你學，學識後再教他。

切換鏡頭： 香港期權教室
稍作停頓（鏡頭聚焦在陶 Sir 考慮的表情）

陶 Sir/Freeman（想了想慢慢講）
哦！我明白啦！不過，作為證監持牌人，我要考慮一下，
看如何安排才適合，可能要三兩天時間。
無論結果如何，本週內我的助理會通知妳。

碧玉/Scarlet（場外音）（開心的聲音）
好阿！等你消息，多謝你啦！陶 Sir。

陶 Sir 放下電話，在教室踱步，一邊思考，一邊自言自語。

陶 Sir/Freeman（慢慢地）
在赤柱監獄的囚犯要學期權，當然是希望日後操作期權賺錢。
還在服刑期就計劃刑滿出獄後的生活，的確是有腦之人！
這將會是個有特殊意義的教學，是主的安排？

外景：　赤柱監獄　操場　白天
在當年 Oliver 吹口琴的牆角，Chris 手持口琴坐在地上，生疏地吹著《Auld Lang Syne / 友誼萬歲》，一聽就知是個初學者。
Chris 希望能如同 Oliver 一樣，可以遇到新朋友。

兩位囚犯慢慢走過來，外形有些似爛仔。

爛仔甲
你吹得好難聽，你在製造噪音！
識吹的那位鬼佬呢？

爛仔乙
叫你那位澳洲佬來吹啦！

智豐/Chris
他昨天出獄了，有什麼事嗎？

爛仔甲
同鬼佬無關，嗰仔，是你在製造噪音！

Chris 感到有事會發生，慢慢地站了起來。

智豐/Chris
是嗎？有這麼嚴重嗎？

爛仔乙
當然啦！將你手上的噪音機交給我！

爛仔乙一邊講一邊衝上前搶 Chris 的口琴。
Chris 將口琴緊緊地保護在胸前，非常有防範地回答。

智豐/Chris
這關你什麼事？

兩個爛仔交換了一個眼色，立即動手。爛仔甲開始拳打 Chris 的面部。
爛仔乙就衝向 Chris，抓住 Chris 的衣領，要搶口琴。
Chris 緊緊地雙手握住口琴並放在胸前，倒在地上，縮成一團。
兩個爛仔瘋狂地踢在地上的 Chris。
獄警的哨子響了，兩位獄警跑過來，解除打鬥，帶走兩個爛仔。
Chris 躺在地下，鬆了口氣，但口琴還是緊緊地抱在胸前。

Chris 慢慢地從地上爬起來，臉上有被毆打的傷痕，他雙眼充血，咬了咬牙，吐了一口帶血的口水。朝著兩個爛仔離去的方向，大聲講了一句粗口。

智豐/Chris

You picked the wrong guy to fuck with！

<u>外景／內景：</u>　老上海洋服店　白天
如同第一個場景，但數年後，有些陳舊。

一輛的士停靠在當年奔馳房車停放的位置，下車的是碧玉，她動作輕盈，身材苗條。
她進入店鋪，自動門鈴響。看似昔日繁忙的生意此刻已經是過去式。
遮擋裡外的門簾掀開，婷婷出來了。

婷婷

你好，有什麼可以幫到你。

碧玉/Scarlet

是我啊，Auntie，我是碧玉，好多年沒見啦！
我從台灣回來了，有許多事情要跟你們講。我可以進來嗎？

聽到有門鈴聲和講話聲，林裁縫在門簾內問：

林裁縫（畫外音）
（聲音明顯地比以往滄桑）
是誰啊？

婷婷

老豆，是碧玉啊！她從台灣返來啦！

聽到婷婷回應，林裁縫急忙走出來，一邊走一邊扶正自己的眼鏡。
林裁縫上下打量碧玉，似乎要搞清楚這是真人還是幻覺。

林裁縫

碧玉？Scarlet！請進請坐下。
自從我們送智豐入獄，我想不起多久無見面啦。這些年妳過的如何？

碧玉/Scarlet

是這樣的，有許多理由我父母要我去台灣生活，
相信智豐也不知具體。不過，今天我給你們帶來好消息！

婷婷
好消息？
好！我去沖茶，等我，我要聽，要仔細聽。

碧玉/Scarlet
的確是好消息！
好多年啦，雖然日子不容易過，但我還是熬過來了。

碧玉望著林裁縫，深深地吸了一口氣，停了停，從婷婷手上接過茶。

碧玉/Scarlet
（充滿情感地講）
這些年來，智豐和我一直有通信聯繫，我們仍然相愛！
分開了許多年，智豐依舊在我心中。
（停下喝了口茶）
上星期我去赤柱探他，他非常好。
我們決定了，他出獄後我們就結婚！

婷婷
喔，這真是個好消息，你們終於計劃結婚了！
今天的確是個特別的日子！
（為碧玉再加了些茶）
繼續講，繼續！

碧玉/Scarlet
我還有更好的消息！
在監獄裡，智豐認識了一個犯了金融罪的鬼佬，
智豐正在向他學習如何操作期權在股市賺錢，
目前我們三人已經開始小本經營，每月都有收入。

林裁縫
（開心地拍了一下大腿）
太好啦！
這樣講，他出獄後就可以繼續操作期權賺錢啦？

碧玉/Scarlet
（興奮地説）
是的，無錯！
到時的利潤會更顯著。

<u>碧玉/Scarlet</u>（繼續）
這位鬼佬囚犯最近出獄了，
但智豐還是非常有興趣，希望繼續學，
我已經替他找到了一位專門教期權的導師。

碧玉展示了陶 Sir 的期權書和《信報》專欄文章給林裁縫。

<u>碧玉/Scarlet</u>（繼續）
我用了我們小戶口賺的錢請這位期權導師。

<u>婷婷</u>
這樣講，智豐將來可以是個金融生意人了。

<u>碧玉/Scarlet</u>
（興奮及明確地講）
是！肯定會是！
新的期權導師將每週去監獄探智豐，每次 30 分鐘。
他有豐富的金融知識，而且在《信報》有專欄，寫了多好年啦。
他的名字是陶 Sir，陶少洪 Freeman。

<u>林裁縫</u>
我不是太懂金融，
我只知道這是個錢賺錢的市場，聰明人可以賺很多。
（喝了口茶繼續）
我沒有許多閒錢，但我很想放些錢給智豐去操作，
相信他可以學得更快。

<u>碧玉/Scarlet</u>
（開心地講）
是嗎？太好啦！老豆！
智豐知道一定會非常高興，你是他第一位客戶！

<u>林裁縫</u>
我也好開心我的兒子將來有自己賺錢的事業。

<u>內景：</u> 赤柱監獄　大門口　白天　（2009 年 夏天）
期權導師陶少洪/Freeman 身穿輕便白襯衫，長袖衫但捲起袖，
正在通過安全檢查。
第一次去監獄，填寫身份是：金融期權導師。
眾監獄工作人員看了填寫的表格後，都帶著好奇的眼光望著這位陶 Sir。

故事講解（場外音）
陶 Sir 第一次來赤柱探監，
作為香港《信報》的專欄作者，香港期權教室的導師，
與囚犯是從來不相識，是首次見面，
工作人員當然感到有些奇怪。

內景： 赤柱監獄　探訪區交流位　白天
在交流位，陶 Sir 和 Chris 都拿起話筒，隔著鐵網玻璃，神情嚴肅。
他們開始了今天進行的第一堂期權課。

陶 Sir/Freeman
我是陶 Sir/Freeman。
碧玉請我來教你期權操作。

智豐/Chris
我是智豐/Chris，你叫我 Chris 就 OK 啦。
碧玉是我的未婚妻，她總是在幫我。

陶 Sir 親切地笑了笑，點了點頭。

智豐/Chris（繼續）
我一直有保存你在《信報》的專欄文章，
許多年了，你看。

Chris 展示了一大疊舊《信報》專欄『期權教室』的文章。
剪報分類整齊，按年份，按日期。他展示這些報紙的動作，猶如當年 Oliver 展
示《South China Morning Post / 南華早報》給 Chris。

Chris 一手翻報紙，一手持話筒解釋看報紙學期權的過程。
講到一篇令他特別感興趣的文章，Chris 開心地笑了。

陶 Sir 有些吃驚地望著這些舊報紙，向 Chris 投擲讚許的眼神，內心自語。

陶 Sir/Freeman（內心獨白）
這的確是位非常聰明的人！

陶 Sir/Freeman
聽碧玉講，你有過一位外籍囚犯導師曾經教過你期權，
目前他出獄了，但你還是希望繼續學。
看到你對我的文章如此熟悉，看來你對期權是很有興趣！

<u>智豐/Chris</u>
是的，這位囚犯導師的名言是：
「你要賺，就要學！」
期權是金融市場最值得學的投機工具。

<u>陶 Sir/Freeman</u>
對！講得太好了！這是第一堂，看來開始得非常好！

陶 Sir 隔著玻璃，左手持著話筒，右手將四個方向的《期權循環圖》按在玻璃
上展示給 Chris。

<u>陶 Sir/Freeman</u>（繼續）
首先，我們要改變一下傳統書上的觀點，
傳統書認為股票市場不是升就是跌，是兩個方向運行。
但我們從操作期權的觀點看，在「大升」和「大跌」的基礎上，
還可以增加多兩個方向，就是「升有限」和「跌有限」，
總共就有了四個方向，也就是今天要你理解的內容。

隔著玻璃的另一方，Chris 用肩膀架住話筒，雙手認真地做筆記，並簡單地在
描圖。

陶 Sir 露出讚許的目光並點頭。

<u>內景：</u> 智豐的囚室　夜晚
Chris 正在溫習上陶 Sir 堂的筆記，圖形，文字記錄，並反覆閱讀。
到處可見學習的痕跡，紙張也是從床上鋪到地下。

<u>故事講解</u>（場外音）
每週每次 30 分鐘的探監時間，
遠遠無法滿足 Chris 的學習要求，
這只是作為每次學習的熱身，
陶 Sir 按時離開後，才是 Chris 自學時間的開始。

<u>內景：</u> 赤柱監獄　大門口　白天　（2009 年 冬天）
期權導師陶少洪 Freeman 正在脫下身穿的厚外套接受檢查。

<u>故事講解</u>（場外音）
陶 Sir 每週都準時到訪一次，
囚犯有限的探訪時間全部被陶 Sir 佔用，
半年有多，監獄工作人員開始給予陶 Sir 友善的微笑。

故事講解（場外音）（繼續）
監獄工作人員也並非了解什麼是金融期權，
但見專業的金融教學能一直進行，並持之以恆，有些預料之外。
這可能是他們較少經歷過有金融導師
如此致力於救贖囚犯。

內景： 赤柱監獄 探訪區交流位 白天
陶 Sir 整理一下頸上的圍巾，坐好。陶 Sir 右手上持有一本書，左手拿起聽筒。

故事講解（場外音）
每週一次的課程持續著，就像鐘擺一樣，穩定，準時。
導師陶 Sir 的教學方法激發了 Chris 的學習熱情，
Chris 學得越多，他就越想再學多些。

智豐/Chris（愉快地）
Hello 陶 Sir，看來今天你帶了一本書來。

陶 Sir 笑了笑，先展示了期權書《期權 Long & Short》在玻璃隔上。
然後翻開到 33 頁，小標題是 Row Data and Raw Data，再次將書展示在玻璃隔上。

陶 Sir/Freeman（慢慢地講）
我編寫這本書花了不少時間，
主要是講清楚在期權操作時，
散戶與大戶的不同之處，
我的期權理論除了早前所講《期權循環圖》的四大方向外，
另一個重要部分就是：Row Data and Raw Data。

智豐/Chris
我以前的囚犯導師從來沒有講過四大方向的操作概念，
更沒有講過 Row Data and Raw Data。
能成為你書中的內容，一定非常重要。

陶 Sir/Freeman
是，是非常重要！
因為在散戶層面，操作期權基本上都是投機者，
掌握正確有效的資訊，分析相關的市場行為，
這就是期權投機者要做的功課。
我會留下這本書給你。

智豐/Chris
太好了！我會仔細讀！
陶 Sir，我要再次多謝你每週來探監教學，
我學得好開心，你真是一位好老師！

陶 Sir/Freeman
碧玉已經與我講了不少你的情況，
我也很高興有這樣的機會來監獄教期權。

智豐/Chris
你提及的 Data 在監獄裡是無法得到的，
看來唯一可以提供給我的就是碧玉，
但即使碧玉願意幫我，她也未必懂如何進行。

陶 Sir/Freeman
碧玉一直都在支持你，
我會教她如何獲取 Data，協助你掌握期權操作。

智豐/Chris
實在多謝你！陶 Sir，你改變了我的人生，
我和碧玉一定會記住！

陶 Sir/Freeman
（微笑地講）
這是主的安排，我好開心！

陶 Sir 與 Chris 隔著玻璃，雙方都露出開心的笑容。

內景： 智豐的囚室　夜晚
Chris 認真地閱讀陶 Sir 的《期權 Long & Short》，在書上做標記，並在筆記簿寫記錄。

內景： 碧玉的小住所　夜晚
筆記本電腦顯示著港交所的「股票期權每日市場報告 / Stock Option Daily Market Report」。在電腦的桌面，有一個檔案：「Raw Data」。

碧玉細心地在看「股票期權每日市場報告」。並將相關股票的期權數據，特別是未平倉合約變動（OI Change）的數據抄進自己的檔案：
「Raw Data」。
她按日期排好，熟練地開啟打印機，開始打印。

碧玉小小的檯面上有一堆貼好郵票的信封，地址一樣都是：
寄：香港赤柱東頭灣道 99 號赤柱監獄，林智豐(275490)收

碧玉將打印好相關文檔，折好後放進信封，封好。

碧玉/Scarlet
（看著信封自言自語）
Make money！My darling！

故事講解（場外音）
2011 年的歐債危機，股價暴跌，金融市場大幅波動。
在碧玉細心的協助下，
這位在監獄的囚犯操作期權，
第一次體會到期權在機會中賺大錢的味道。
Chris 也清晰地認識到，
操作期權就是他今後要走的路。

內景： 赤柱監獄 獄警辦公室 白天
一位略有年齡的高級警官，正在翻閱陶 Sir 寫給懲教署的信件。

故事講解（場外音）
陶 Sir，作為囚犯林智豐的金融導師，
寫了一封求情信給懲教署，提出要求，
建議提前釋放林智豐。

內景： 赤柱監獄 囚犯私人物品存放處 白天
聖誕前夕，林智豐在整理自己的私人物品。

故事講解（場外音）
（繼續）
陶 Sir 提出提前釋放林智豐的理據是：
經過近一年時間，每週進赤柱監獄教導囚犯林智豐，
目前林智豐已掌握金融期權的操作技能，
也已經可以自行操作並獲利，
也就是説，他已經具備了謀生技能。
因此相信該囚犯不會也沒有必要再為了生計去販毒，
他已知販毒是嚴重罪行，並已經承受了後果。
（繼續）
結果是：懲教署同意提前釋放林智豐。

Chris 高興地整理好自己的私人物品，並收取了獄警給他的收據。

<u>外景：</u>　赤柱監獄　閘口　清晨
字幕：　赤柱監獄（2013 年 聖誕節）

天氣有些冷，碧玉站在門口等 Chris 出獄。

大門打開，Chris 出現，就見 Chris 緊緊地擁抱碧玉，他的至愛。
在 Chris 裝滿物品的手提袋中，可以看到大量的信件和碧玉送給他的毛毛豬。
這對情侶在相互的懷抱中似乎不想分開，他們在享受擁抱的時刻，並在擁抱中
耳邊私語。

<u>碧玉/Scarlet</u>
我一直在等你，從來都沒有想過其他人。

<u>智豐/Chris</u>
此刻應該是我人生第二個最開心的日子。

<u>碧玉/Scarlet</u>
（碧玉從 Chris 懷抱中望著 Chris）
是嗎？那第一個是？

<u>智豐/Chris</u>
（Chris 望著碧玉）
當天妳騎單車撞到我而跌倒，
我親手扶妳起身的那一刻。

<u>碧玉/Scarlet</u>
（再次擁抱 Chris）
我真開心你當時這樣對我！
走，我要帶你去剪頭髮，扮靚靚，
我要你似個我一直愛的男人。

<u>蒙太奇剪輯：</u>　Chris 和碧玉的愛情故事　過往的主要情節重現

兩人第一次在高級餐廳晚飯，穿上西裝的 Chris 英俊瀟灑，少女期的碧玉迷人
可愛。
大會堂的音樂會，Chris 緊握著碧玉的手，碧玉全神貫注在欣賞鋼琴演奏。
黃金海岸酒店，海景房，窗外下著雨，情侶兩人在床上。

內景： 髮型屋 白天
Chris 在剪頭髮，敷保濕面膜。

故事講解（場外音）
在碧玉的細心安排下，
10 年的牢獄生活的痕跡開始在 Chris 的臉上慢慢地抹去，
Chris 重現了當年朝氣蓬勃的形象。
望著 Chris，碧玉堅定的目光帶著微笑，
她有更多的安排準備好了，
要給她心愛的 Chris。

內景： 高級商場 白天
碧玉帶 Chris 進入了一個高級商場。

蒙太奇剪輯： 碧玉帶 Chris 買合身的衣物，從內到外，從頭到腳。

故事講解（場外音）
這對情侶再次走在一起，
舊日的激情此刻變成購物的快樂心情。
這對情侶要讓初戀的愛情繼續奔放，
重新開始美好的時光。

內景： 高級商場 男士洗手間 白天
在洗手間，Chris 從內褲到外衣，連鞋襪，裡裡外外，全部更換。
然後將從監獄穿出來的舊衣物全部扔進垃圾桶。

Chris 望著玻璃鏡中的自己，他用雙手洗了一下臉，拔了兩張抹手紙，輕輕按去臉上的水，再抹乾手。
隨後在銀包中取出剛才出獄時獄警給他的收據，撕得粉碎，然後狠狠地將廢紙扔進座廁。

智豐/Chris
（望著座廁內的收據碎紙按下沖廁水時自言自語地講）
讓過去的愚蠢永遠離開我，
Let the stupid gone with the drain！

音效： 自言自語的語句連同沖廁的聲音

從頭到腳打扮過的 Chris 從男洗手間出來了，英俊瀟灑，風采依然。

10 年的牢獄生活也令他更成熟，男人味更濃。

<u>碧玉/Scarlet</u>（內心獨白）
（望著 Chris 出來，眼睛一亮）
還是他！還是他！這就是我心目中的男人！
我等你等了 10 年！

這對情侶再次充滿激情地擁抱。

<u>碧玉/Scarlet</u>
我們回家吧！路上還要買些食物。

<u>智豐/Chris</u>
對，真正的食物，是要換個口味了！

<u>碧玉/Scarlet</u>（微笑著講）
當然！還有其它！

<u>內景：</u>　碧玉的小住所　門口　白天
Chris 手提食物袋，碧玉開鐵閘再開木門，兩人進入，這是個非常簡單的家。

<u>碧玉/Scarlet</u>（呼喊）
John，媽媽返來啦！

林聰/John Lin，一位 8 歲多的男孩，大約 130cm 高，戴著頂聖誕老人帽，
從房間跑出來。
這個男孩的長相幾乎如同此劇本開始時，智豐/Chris 戴著聖誕老人帽的形象。

<u>林聰/John</u>
媽咪，妳回來啦……（但驚奇的目光落在 Chris 身上）

<u>碧玉/Scarlet</u>
是！你爸爸也回來了，還帶來你喜歡吃的炸雞。

<u>林聰/John</u>（好奇地問）
爸爸？他也回家了？

<u>碧玉/Scarlet</u>
是！是你爸爸，他終於回家了！

<u>智豐/Chris</u>（吃驚地睜大雙眼，情不自禁地問）
Wow！My God！我有一個兒子？

碧玉/Scarlet
（雙眼含淚但堅強地講）
是！這就是你的兒子，
我獨自養育了他近 10 年！

激動的 Chris 鬆開雙手，食物袋落在地下。
Chris 衝向前，雙臂將碧玉和阿 John 緊緊抱住，三人大哭，淚流滿面。

<u>稍作停頓</u>（鏡頭聚焦在 Chris 的頭部）

Chris 慢慢地抬起頭，激動地仰天大聲呼喊：

智豐/Chris
我發誓！我一定會愛這個家！
一定要給你們美好的生活！永遠！永遠！……

林聰/John（好奇地）
爸爸？永遠？

智豐/Chris
Yes！永遠！永遠！永遠！……
音效： 聲音在小房間震盪並迴響在夜晚的天空。

<u>內景</u>： 碧玉的小睡房床上　早上的陽光
雖然生活條件差，但這對情侶仍然享受著 10 年後延續的激情。
早上，陽光初見，他們醒來，但還是摟抱在一起。

故事講解（場外音）
雙方經過 10 年的獨身生活，大家都無比珍惜此刻的團聚。
雙方都充分地享受著愛意。

躺在床上，Chris 用手梳理著碧玉的頭髮。

智豐/Chris
在監獄的夜晚難以入睡時，我就想妳，一想到妳就令我能堅持下去。

碧玉/Scarlet
我也是，我堅信我們一定會重新在一起，永不分離！
（再次緊抱著 Chris，頭靠在 Chris 的胸前）
過去我們是兩個人，現在是一個人。

<u>智豐/Chris</u>
對，現在我們是一個人！

Chris 也緊緊地擁抱著碧玉。

<u>外景：</u>　露天酒吧　黃昏
<u>字幕：</u>　澳洲　悉尼　（2013 年 聖誕節）

在露天酒吧，快樂時光，樂隊正在演奏《Aussie Jingle Bells》。
Oliver，那位當年在監獄裡 Chris 的囚犯期權導師，衣著光鮮，正在與朋友們消遣。他的手提電話響起，他一隻手按著耳朵，另一隻手在聽電話。

<u>Oliver/歐利華</u>
哪位？我在與朋友 Happy Hour。
Hello？

<u>切換鏡頭：</u>　碧玉的小住所
<u>智豐/Chris</u>
Oliver，是我，我是 Chris。

樂隊在演奏，音樂聲中插入了這兩位當年在監獄相識的朋友的對話。

<u>切換鏡頭：</u>　露天酒吧
<u>Oliver/歐利華</u>
是哪位？

<u>智豐/Chris</u>（場外音）
Oliver，是 Chris，我是從香港打過來的。

Oliver 再離開樂隊遠些。

<u>Oliver/歐利華</u>
稍等，我要離樂隊遠些。請問是哪位？

<u>智豐/Chris</u>（場外音）
Oliver，我是 Chris，囚犯編號 275490，Chris Lin。

<u>Oliver/歐利華</u>
Oh My God！你是 Chris！
你出獄了，不必穿囚衣，不必吃剩菜剩飯了！

智豐/Chris（場外音）
是啊！自由自在，好像鳥一樣！

Oliver/歐利華
（想了一想，眼睛一亮）
你稍為等一等，我要喚起你的回憶。

Oliver 用手按著手提電話的麥克風，向樂隊中拉小提琴的女孩招了招手。
這是一位漂亮的中國女留學生，Susan/素珍，她手持小提琴走向 Oliver。

Oliver/歐利華（繼續）
你能幫我演奏一首歌給我香港的朋友嗎？

Susan 點頭用眼神表示可以，Oliver 就在她耳邊講了幾句。

素珍/Susan（快樂地答）
當然可以！

Oliver 禮貌地對 Susan 點頭表示謝意，並放開按著手提電話的麥克風的手，將
麥克風靠近小提琴。
Susan 小提琴開始演奏《Auld Lang Syne / 友誼萬歲》，這也就是當年在赤柱監
獄 Oliver 吹口琴的歌曲，Chris 因此歌曲認識了 Oliver。
Susan 小提琴演奏完畢。

Oliver/歐利華（對著手機講）
我本來可以演奏給你聽，但我的口琴幾年前就送給一位朋友了。

智豐/Chris（場外音）（高興地講）
我當然記得，我還在不斷練習，應該有你的演奏水平了。

Oliver/歐利華
等一下，我要給些小費這位漂亮的小提琴手，她是位中國女孩。

Oliver 取了一張 50 元澳幣，塞進 Susan 背心外套的口袋。

素珍/Susan（開心地講）
多謝！還要我演奏，隨時招手。

Oliver/歐利華（滿意地講）
OK，我香港的朋友也多謝妳！

Susan 給 Oliver 一個甜蜜的微笑，然後走回到樂隊中。
回到樂隊中，Susan 回頭再望了 Oliver 一眼，發覺 Oliver 一直在望著她，似乎一種感覺產生了。

智豐/Chris（場外音）
喂喂，Oliver，電話費很貴，你還在嗎？

Oliver/歐利華
對不起，有些事分心了，我還在。

智豐/Chris（場外音）（感慨地講）
我記得認識你的那一天，你吹口琴，就是這首歌！
你是我的朋友，也是我的老師。
許多過去的事都在我腦海裡。

Oliver/歐利華
約個時間我們好好地交流一下吧。

智豐/Chris（場外音）
時間你定，我沒問題。

Oliver/歐利華
那就明天這個時間，我在家，方便。

內景：　碧玉的小住所　下午　（持續）

智豐/Chris（開心地講）
好！就定明天。有人按我的門鈴。Bye！

Chris 掛斷電話，起身去開門。
門一開，Chris 大吃一驚，來者竟然是阿陳，一副黑社會的樣子。

智豐/Chris
你？你來這裡做什麼？

阿陳（奸笑地講）
你好嗎！10 年啦！
（不客氣地推門而進，走進後關上門，繼續講）
記得我們的規矩嗎？
你還欠我錢，現在還欠我人情。

智豐/Chris
我剛出獄，目前還沒有錢還你。

阿陳
還我一個人情如何？
很容易的事。

智豐/Chris
什麼事？

阿陳
我有位朋友開了一間高級夜總會，
正在找接待員招呼豪客。

智豐/Chris
關我什麼事呢？

阿陳
不關你事，我是講你的靚靚女人，
如果她願意一週兩晚在夜總會，
三個月就當你還清，OK？

稍作停頓（鏡頭聚焦在 Chris 的雙眼）

聽到這樣的建議，激動的 Chris 在深呼吸，雙眼充滿血絲和淚光。
他突然用右手在桌上抓了一把餐刀指向阿陳，左手抓住阿陳的衣領，
將阿陳推向門口，並在阿陳的後頸割了一刀。

智豐/Chris
（冷酷地講）
我只講一次，你要聽清楚，
如果你想傷害我的家人，我一定會殺死你！
三個月後還你！走！

Chris 揮舞著餐刀，將阿陳推出門外，大力將門關上。

智豐/Chris（繼續）
（背靠著門自言自語）
我不能讓這個魔鬼再出現！
絕對不能！

外景： 碧玉的小住所 樓下 下午 （持續）
從雜貨店回家的路上，碧玉雙手提著膠袋，
見阿陳手按住後頸，面色蒼白地從大廈出來，匆忙地離開。

故事講解（場外音）
又見到這個高利貸惡魔，
碧玉腦海充滿了恐怖的回憶。

內景： 碧玉的小住所 洗手間 下午 （持續）
Chris 在清洗餐刀上的血跡。

內景： 碧玉的小住所 對著門的餐桌 下午 （持續）
Chris 將餐刀抹乾放回桌上。

門開了，碧玉進來，雙手提著雜貨袋站在門口，驚恐地望著 Chris。

碧玉/Scarlet
豐，
剛才在樓下我見到那位高利貸惡魔離開，
我很怕，
我不想再見到這個人。

Chris 從碧玉手上接過雜貨，放在餐桌上，壓著那把餐刀。

Chris 流露了他溫柔的一面，
他輕輕地摟抱著碧玉，並用手梳理著碧玉的秀髮。

智豐/Chris
（溫柔地講）
放心吧，你是我的寶石，
過去的事不會再發生，
相信我，我會處理好。

Chris 再緊緊地抱住碧玉，
在 Chris 的懷抱中，碧玉憂鬱的雙眼也慢慢地合上。

故事講解（場外音）
得到碧玉父母的同意，
碧玉將與智豐結婚，
這個三人小家庭終於被認可了。

內景： 香港婚姻登記處 白天
智豐和碧玉坐在前排，穿著得體的禮服。男方英俊瀟灑，女方漂亮大方。
後排分別坐著的是林裁縫，婷婷，林聰，宋醫生及宋太太。

婚姻登記官在主持婚禮。

婚姻登記官
我將要求你們兩位讀出婚姻誓詞，
然後每位家人都要在結婚證書上簽字。

婚姻登記官分別將婚姻誓詞讀本遞給碧玉和智豐。

智豐/Chris
（看著讀本大聲朗讀）
我請在場各人見證：我（林智豐）願以妳（宋碧玉）為我合法妻子。

碧玉/Scarlet
（看著讀本大聲朗讀）
我請在場各人見證：我（宋碧玉）願以妳（林智豐）為我合法丈夫。

婚姻登記官
請雙方在結婚證書上簽字，
然後家人簽字。

智豐/Chris
（感嘆地講）
多年來我就是等著這一天，
我心愛的寶石成為我的太太。

智豐打開戒指盒，是一對精美的玉石婚戒。
智豐為碧玉戴上女戒，碧玉為智豐戴上男戒。

碧玉/Scarlet
（溫柔但堅定地講）
我親愛的老公，好開心你選擇了我。
在大家的眼中，我們真正是一家人了。

攝影師在忙著為這對新婚夫婦拍照，包括兩對開心的父母，John 不是很懂，
但也是樂在其中。

<u>外景：</u>　海邊的單車徑　白天
這是 Chris 和碧玉相遇的地點，攝影師忙著為這對新人拍結婚照，倆人扶著一
架單車，燦爛地笑著。

<u>內景：</u>　Chris 和碧玉的新家　飯廳　白天
居住條件明顯比碧玉原來的小住所寬大舒服。

Chris 和碧玉及 John，一起欣賞地看著掛在牆上的結婚照。

照片下方附有文字：「多謝你扶起我並選擇我」

故事講解（場外音）
回到了昔日相遇的地方，
充滿著浪漫的情懷，
這就是這個家庭最珍貴的記憶。

<u>林聰/John</u>
（好奇地問）
為什麼這張照片要有單車？

<u>碧玉/Scarlet</u>
你想問你爸爸還是問我？
因為答案會不同。

<u>林聰/John</u>
OK，我問爸爸，
為什麼這些照片要有單車？

<u>智豐/Chris</u>
我認識你媽媽是因為她用單車撞我。

<u>林聰/John</u>
是嗎？

<u>碧玉/Scarlet</u>
是他在單車徑上散步，我響鈴要他讓路，但他聽不到。
結果我單車撞到他，我也跌倒。

<u>林聰/John</u>
那為什麼寫：「多謝你扶起我並選擇我」？

碧玉/Scarlet
（笑著講）
我跌倒後，
你爸爸扶我起來，
並送我回家。

林聰/John
（還不是很理解地問）
那為什麼是選擇我？

智豐/Chris
當時我在發夢如何可以遇上一個鍾意的女生，
誰知你媽咪就在我腳下。
我選擇你媽咪所以有了你，
這是我一生人做得最好的事。

林聰/John
（眼睛一亮）
就是由於媽咪的單車撞到你？

智豐/Chris
（開心地）
Yes！

林聰/John
Wow！

當碧玉和 John 還在開心地欣賞照片時，Chris 靜靜地離開客廳去了睡房。

他臉上的神情明顯地嚴肅，正在思考問題。

內景： Chris 和碧玉的新家　睡房　白天
Chris 坐在床邊，取出手機，按了個電話號碼，等回應。

內景： 阿陳窄小的住房　白天
阿陳接聽電話。

阿陳
Hello！

智豐/Chris（場外音）（冷靜地講）
阿陳，還未到 3 個月，明天，
我會將全數，欠你的錢，存入你的銀行帳號，
帳號一樣嘛？

阿陳（一副爛仔樣講）
喔，多謝！帳號一樣。
叻仔，你可以不足 3 個月就還清，
我相信你老婆一定會為你識賺錢開心！

切換鏡頭： Chris 和碧玉的新家 睡房
智豐/Chris（冷酷地講）
我已經對你講過，今天再講多一次，
不要打我家庭的主意，否則，我一定殺咗你！

Chris 主動按下收線，並摔電話在床頭櫃面。

內景： Chris 和碧玉的新家 睡房 白天 （持續）
Chris 粗魯的聲音和動作驚動了碧玉，她進房。

碧玉/Scarlet（充滿愛意地問）
沒什麼事吧？老公。

智豐/Chris（勉強笑了笑）
所以的事都過去了，一切都會好起來！

Chris 親切地摟抱碧玉，眼神出流露出堅定的目光。

內景： 香港國際機場 接機處 白天
字幕： 2014 年 春節

故事講解（場外音）
2014 年春節，Oliver 帶著他的未婚妻 Susan，也就是那位小提琴手回港，
這對新人要去內地見 Susan 的家人，宣布結婚。
當然，一定要見見當年一起在赤柱監獄的朋友 Chris，包括 Chris 的家人。

Chris 一家人都在機場，等待這位朋友，這位良師。

智豐/Chris（感慨地對碧玉講）
出獄後就沒見過面，許多年了。

<u>智豐/Chris</u>（繼續）
我應該如何講多謝？
多謝這位改變了我一生的朋友。

<u>碧玉/Scarlet</u>
（聰明的眼睛閃了一下）
簡單！給他一個同志式的擁抱，然後講：
「多謝你改變了我！」

Oliver 和 Susan 推著行李車進入接機大堂出現在人群中。
Susan 背著小提琴，特別顯眼。

<u>智豐/Chris</u>
是他們，Oliver！

Chris 和 Oliver 互相招手，Oliver 將行李車留給 Susan，自己快步上前。
期待的 Chris 伸出雙臂迎接 Oliver，兩人緊緊地雙手擁抱。

<u>智豐/Chris</u>（鬆開雙手感概地講）
多少年了？

<u>Oliver/歐利華</u>
好多年了，我們又在一起！

Oliver 主動上前與 Scarlet 和 John 握手。

<u>Oliver/歐利華</u>（繼續）
Scarlet，在這裡見到妳實在開心！
我要多謝妳當年幫助我和 Chris 買賣期權。
雖然是金額不大，但沒有妳的協助，我們也難成功。
（很有風度地講）
讓我介紹，Susan，Susan Lee，我的未婚妻。
她是琴師，拉小提琴，在電話裡演奏
《Auld Lang Syne / 友誼萬歲》的就是她。
這次要回上海見她的家人，當然，也要見見老朋友們。

Chris 禮貌地上前與 Susan 握手。

<u>智豐/Chris</u>（風趣地講）
Susan，妳嫁給 Oliver，是因為你為我演奏了一首歌，太有意義了。

智豐/Chris（繼續）
（風趣地講）
Oliver 會娶妳，他早有預謀！
因為當年在赤柱監獄，我與他的第一單 Deal，
就是他教我期權，我教他講中文。
我知道他會娶中國女孩，所以我是你們的媒人！

所有的人都開心地笑了。

智豐/Chris（繼續）
（禮貌地向 Susan 介紹）
這是我太太，碧玉/Scarlet，她挽救了我的生命！

兩位女士相互打量，Scarlet 禮貌地與 Susan 握手，倆人擁抱。

林聰/John
（John 見大人都很開心，他也插嘴。）
媽媽你彈鋼琴，爸爸吹口琴，Susan 姨姨拉小提琴，太好啦！

智豐/Chris（笑著講）
Uncle Oliver 是口琴大師，我是在監獄裡向他學的。

林聰/John
Wow！

碧玉/Scarlet（禮貌地講）
這是我兒子，John Lin，
Chris 出獄後，我主要就是在教琴，John 也在跟我學琴。

素珍/Susan（開心地講）
我非常喜歡音樂，讀書時在澳洲的一個樂隊拉提琴，所以認識了 Oliver。

碧玉/Scarlet
（會心地微笑）
找一天，我會告訴你，Chris 和我是怎樣認識的。

智豐/Chris
女人一講就不能停，妳們會有排講，我去取車，停車位見。

大家離開了接機大堂。

故事講解（場外音）
Susan 和 Oliver，
這對情侶回上海見過父母後就直接回澳洲了。

內景： Chris 和碧玉的新家 晚間
客廳不是非常寬敞，有台豎立式鋼琴（Upright piano），碧玉與 John 並排坐著在彈練習曲。

客廳的另一邊是張小書枱，Chris 全神貫注在看圖表，研究 Raw Data and Row Data，對著期權的 T 型報價在思考，時而寫筆記。

碧玉/Scarlet
（對 John 認真地講）
鋼琴要彈得好，只有一條路，練習，練習，再練習。
要演奏出色，你就必須理解樂曲，演奏時才能表達情感。
我去同你爹哋講幾句，但我會一直聽著你彈。

碧玉走向 Chris，走動的同時，頭和手還在打拍子。
Chris 的書枱，有個雙時鐘，香港時間是 8pm，澳洲時間是 11pm。
Chris 在與 Oliver 通話。

智豐/Chris
（慎重地問）
我們是否可以成立一個基金？
資金多了，操作期權更有利，我們就可以賺更多的錢。

Oliver/歐利華（場外音）
（笑著回答）
我老早就想過這個計劃，因為我有渠道去募集資金。
但由你操作，你必須有牌照，
考牌照不容易，你有信心嗎？

智豐/Chris
（堅定地講）
我現在比以往任何時候都有信心！
嘿，Scarlet 來了，稍後通話。

碧玉來到面前，Chris 掛了電話，親切地望著碧玉。
從碧玉的身形可見，她懷孕了。
碧玉安排 Chris 坐正，她在座椅背後輕輕地為 Chris 按摩頭頸部位。

在 Chris 的書枱上有兩個顯示屏，一個顯示著股票圖表，一個顯示著 Raw Data 每日報表。

碧玉/Scarlet
我好像聽到你和 Oliver 在通話。

智豐/Chris
是的，親愛的。
我們正在想如何用基金的形式操作期權。

碧玉/Scarlet
（停了停按摩）
好主意！有 Oliver 與你一起做，成功的機會很高。
Chris，你是有能力去做你實在想做的事，Just do it！
我比你更了解你。

Chris 鬆弛地閉上眼睛，一邊聽著碧玉講，一邊享受著碧玉的按摩。

智豐/Chris
是的，Oliver 也是早有這個想法。
他有人際網絡去募集資金，也可以介紹我去應聘基金經理，
但是，我必須先要考基金牌照。一旦有牌照，生意就可以立即開始。

碧玉雙手捧著 Chris 的頭，從上方深吻了 Chris 的額頭。

碧玉/Scarlet
開始吧！
只要是我力所能及的事，我都會幫你處理。你放心！

蒙太奇剪輯： Chris 努力準備考牌照的一連串鏡頭

Chris 在證監會網頁研究金融牌照制度，去書局選擇參考書，挑燈夜讀。
Chris 翻開書與 Oliver 通話，Chris 打電話給 Freeman 了解考試事宜。
Chris 全力以赴讀書準備考試，碧玉幫 Chris 處理各種事項，協調令人羨慕。

故事講解（場外音）
在太太碧玉的全力配合下，
Oliver 和 Freeman 也給予極大的支持。
Chris 為考取牌照使出了渾身解數，
他自己也不知道自己具備這種努力精神。

故事講解（場外音）（繼續）
日以繼夜，Chris 將所有的時間都放在學習證監規例，
以及上網搜索各種資料。
為了這個專業考試，Chris 用盡了自己的學習能力。

內景： Chris 和碧玉的新家　書枱位置　夜晚
Chris 在書枱前，手持一封信，打開是考試結果，可惜是：不合格。

手持不合格通知，Chris 愁容滿面，意志消沉。

碧玉知道了，與 John 一起來到 Chris 身邊，堅定地望著 Chris。
見到家人在默默地支持，Chris 的精神開始好轉。

智豐/Chris
（慢慢地撕破不合格通知書，面對家人冷靜地講）
我要盡我所能，重考一次！

故事講解（場外音）
經過了第一次考試失敗，Chris 堅決不放棄，
他仔細考慮了不合格的原因，
找到了努力的方向，報名重考！
他對自己講：這是第一次不合格，但不會有第二次。
重考終於如願以償，他成功了！

Chris 將牌照放進畫框，掛在書枱的牆上，他滿意地望著牌照。
碧玉和 John 都過來投以開心的目光，親吻老公，親吻爸爸。

林聰/John（好奇地問）
爸爸，你非常開心，這個牌照一定對你非常重要！

智豐/Chris（驕傲地回答）
是的，當然是！你很快就會知道。

內景： 老上海洋服店　白天
林裁縫熟練地用皮尺量度 Chris 的身材，媽咪婷婷在選擇布料。

林裁縫
（一邊量身一邊講）
你要去找份好工作，你就要有件好西裝。
記住，人要衣裝！

智豐/Chris
（非常感恩地講）
爸，第一次你做西裝給我，是我去約會碧玉，
現在她是我太太，我非常開心。
這次你做西裝給我，是我去見一份我喜愛的工作，
我一定要成功獲得這份工作！
多謝你，爸！多謝妳，媽！

婷婷
你去見工不能太驕傲，
女孩見你穿新西裝當然羨慕，
但你的老闆未必注重你的外表。

智豐/Chris
（充滿信心地講）
放心，我會令你們每個人都為我驕傲，現在只是開始！

內景： 美資投資銀行寫字樓 人事部辦公室 白天
身穿爸爸親手量身定做的西裝，Chris 顯得成熟，自信，看上去一表人才。

Chris 謹慎地看了看公司典雅的招牌，推門而進。

人事部經理是一位 50 歲左右，講帶美國口音的英文，掛著一副金絲眼鏡，看上去甚具經驗的女士。

人事部經理
（用好奇的眼光打量了 Chris 然後才講）
你的簡歷我仔細看了，你有具體的操作期權經驗，
也已考獲相關的牌照，你是有條件做好這份工作。
不過，最令我印象深刻的是，我多年從事人事部的工作，
卻是第一次見在簡歷中註明自己曾經是囚犯。

智豐/Chris
（誠實地講）
這是香港懲教署的規定，我必須服從。
坐牢是多年前的事，我也付出了時間代價，
此刻我看成是一種人生的投資，我要從新開始。

人事部經理（帶著欣賞的目光講）
我都了解，所以 Oliver Cooper 推薦你來應聘這份工作。

<u>智豐/Chris</u>（眼睛一亮）
Oliver！是的，我們在赤柱監獄認識。

<u>人事部經理</u>
是的，Oliver 曾經向我介紹你，
他説你有操作期權的心理質素，非常適合從事金融行業。
最關鍵的是，他提及你非常渴望開始新生活。

<u>智豐/Chris</u>（感慨地講）
Oliver 在赤柱監獄那幾年，他教我如何操作期權，
現在是我生命中的好朋友。

<u>人事部經理</u>
了解！我需要幾天時間讓老闆們考慮，
一旦有決定會通知你。

<u>智豐/Chris</u>（非常高興地講）
多謝！我會非常珍惜這個機會。

人事部經理將 Chris 的簡歷放進檔案袋。

<u>人事部經理</u>（望著 Chris 笑了笑講）
年輕人，祝你好運！

<u>內景</u>： 美資投資銀行寫字樓　Chris 的小小辦公室　白天
字幕： 2015 年 復活節

Oliver 和太太 Susan 羨慕地望著 Chris 的名片架，名片上印著：
「林智豐/Chris Lin　基金經理/Fund Manager」

<u>Oliver/歐利華</u>
你好啊！成為大人物啦！你的目的也終於達到了！

<u>素珍/Susan</u>
這的確是一個開心的時刻，週末晚飯如何？

<u>Oliver/歐利華</u>
（揶揄地講）
Scarlet 要一起來，我想聽聽她是如何協助你成功的。

智豐/Chris
當然一起來啦！

素珍/Susan
太好了，大家這麼開心，就定週末晚飯！
Chris，你有留意這幾天中國股市的情況嗎？
太多人瘋狂進入股市投機，都是用槓桿，而且是非常高的槓桿。

Oliver/歐利華
有點像 2008 年的美國房地產市場，
連根本沒有能力買樓的人，也不理會借貸風險而進入樓宇市場。
（敲了敲 Chris 的枱面）
這將會產生巨型的泡沫，
若我們操作期權的策略和方向都對，我們可以賺很多快錢！

Chris 再看了看上海 A 股的走勢圖，眼睛閃爍著投機者的目光。

智豐/Chris
策略和方向？那就是説部署淡倉！

Oliver/歐利華
對！Long Put Index，Long Call 配沽期指，
Short Call 估值高的股票，可以是 Naked。
這是整體策略，但可以慢慢建倉，
估計我們可以賺大錢！

智豐/Chris
明白，這是一個好機會，
我要仔細想一下，做個整體淡倉計劃。
（面向 Susan）
Susan，妳在國內有許多關係，
我希望妳能在這裡工作，負責籌集內地的資金，妳一定有方法！
你們認為如何？

Oliver/歐利華
這是個好主意！

素珍/Susan
可以考慮，我也有興趣。
不過，我拉琴的時間就會越來越少了。

內景： 美資投資銀行寫字樓　Chris 的小小辦公室　白天（2015 年 8 月）
Chris 的海景辦公室，Chris 望著電腦沉思。
Chris 慢慢地拿起電話，再想了想，致電 Oliver。

切換鏡頭： 高級商場　白天
Oliver and Susan 在悠閒地購物。Oliver 見是 Chris 的電話，立即接聽。

智豐/Chris（場外音）（輕鬆冷靜地）
嘿，老友，注意到了嗎，整體大市已經下跌了超過 20%！

Oliver/歐利華（非常冷靜地）
你目前鴻運當頭，繼續持倉！

倆人神情非常淡定，看上去都是典型的投機者。

內景： 香港國際機場　登機區　白天
字幕： 香港國際機場　2015 年 10 月 10 日

Oliver 和 Chris 在安全檢查準備登機，航班顯示是國泰編號，香港飛往紐約。

故事講解（場外音）
Chris 上任基金經理後，在短時間內做出了明顯的業績，
投資銀行邀請 Chris 和 Oliver 去紐約見公司的 CEO。
他們倆相信，這是公司見到期權基金的業績，
要將期權業務在香港繼續拓展並伸延至內地。
（開心地）（繼續）
這對好拍檔預期公司將予以他們重任，推動基金發展，
結果也的確如此。

他們坐在登機等候區。

智豐/Chris（有些興奮地問）
我估計這將會是個非常成功的會面！你認為如何？

Oliver/歐利華（冷靜地回答）
是！當然會是個成功的會面，
公司一定會要求我們進一步增加資金，
老闆的觀點永遠不會變！

他們起身開始排隊登機。

Oliver/歐利華（繼續）
但你要明白，你掌控的錢越多，你的麻煩也越多，
你很快就會明白，老兄！

內景： Chris 和碧玉的高檔公寓　書房　夜晚
字幕：　2015 年 聖誕節

客廳寬敞，碧玉和素珍看著在嬰兒車裡 1 歲多的林一嵐/Kimberly，背景是一
台小型三角鋼琴 (Baby grand piano)，Chris 和 Oliver 在書房爭吵。

碧玉和素珍雖然在逗 Kimberly，但兩人表情有些緊張，原因是 Chris 和 Oliver
的爭吵聲越來越大。

Oliver/歐利華（毫不客氣地講）
我告訴你，Chris，
市況已經轉向了，我們的淡倉不能再守了，
是離場時間啦！
若不離場，我們的利潤會化為烏有。

智豐/Chris（堅定地講）
No，No，我認為你看錯了，
目前只是跌市中的反彈，但不是轉向，
我們的淡倉應該繼續持，
我的內心如此告知我，我的膽量也一樣夠！

內景： Chris 和碧玉的高檔公寓　客廳　夜晚　（持續）
碧玉和素珍坐在沙發上，倆人一邊品紅酒一邊看結婚相冊。

從客廳看過去，書房的爭吵越演越烈，背景都是爭吵的聲浪。

Oliver/歐利華（畫外音）（有些激動地）
我再告訴你一次，我沒有準備輸錢，
你要如何處理，大人物！

素珍/Susan（有些緊張地對碧玉講）
你認為他們還是朋友嗎？

碧玉/Scarlet（冷靜地）
他們不會憎恨對方，但都是有自己主見的人，
除了爭吵，還可能扔東西呢。

素珍/Susan
若他們還不能盡快平伏下來，我們就要用女人的溫柔去勸解他們。

內景： Chris 和碧玉的高檔公寓　書房　夜晚　（持續）
爭吵還在繼續。

智豐/Chris（目光堅定地講）
這樣吵下去，沒有意義，也沒有結果！
好吧，讓我這樣決定，
按目前的價位，我繼續持淡倉，
若繼續反彈輸錢，我負責所有虧損部分，
若回調下跌贏錢，你還是保持贏的部分。
Deal？

Oliver/歐利華（眼睛狡猾地轉動了一下）
OK，Deal，I take your offer！

兩位女士進入書房，各自安撫自己的男人，顯示著女性的溫柔。

內景： 美資投資銀行寫字樓　Chris 的小小辦公室　白天
字幕： 2016 年 1 月

鏡頭在一系列的圖表中移動，可見股市出現巨量跌幅後反彈，但之後還是繼續下行。

故事講解（場外音）
當年在監獄的 Chris 就覺得投機不單是眼光還需膽量，
這次憑著 Chris 的分析和膽識，
在 2016 年 1 月獲得了相當驚人的回報。
Oliver 和 Chris 沒有互相扔東西，雙方都滿意。
這次是學生超越了老師，青出於藍，令彼此更加尊重。

Chris 坐在大班椅上，神情中流露著自信和驕傲。

故事講解（場外音）（繼續）
Susan 接納了 Chris 的建議，積極參與基金的募集資金工作，
有 Oliver 在旁指導，Susan 也做出了傑出的表現。
正值內地經濟起飛，Susan 介紹了不少內地富有的商家投資期權基金。
基金的生意非常火爆，他們的生活當然也多姿多彩！

內景： Oliver 和 Susan 的家　夜晚
Oliver 坐在沙發上，看著茶几上擺著精美的口琴盒，Oliver 打開盒蓋。

鏡頭可見這支口琴似曾相識，因為這是與當年 Oliver 出獄時送給 Chris 的一模一樣。

蒙太奇剪輯： 當年 Oliver 取出口琴和書送給 Chris 的鏡頭

Oliver/歐利華（望著口琴自言自語）
我真聰明，在赤柱監獄時做了正確的事！

心情愉快的 Susan 剛冲完涼，穿著睡衣過來了。
她半躺在沙發上，頭靠在 Oliver 的大腿上當枕頭，調皮地慢慢閉上眼睛。
Oliver 吻了吻 Susan 的前額，笑了。
Oliver 手持口琴，也閉眼，但跟著就睜開眼睛，開始輕輕地吹奏《Dr Zhivago / 齊瓦哥醫生》。

內景： 美資投資銀行寫字樓　晚間
字幕： 2017 年 聖誕節

聖誕派對正在進行，打扮精緻的聖誕樹上掛滿大大小小的鈴和五彩繽紛的聖誕卡。最醒目的是掛著條橫幅：「聖誕快樂 + 香港回歸 20 年」。
聖誕派對的氣氛非常好，也見富有的國內商人帶著禮物前來，大家都興高采烈！
聖誕樹下，有一部高檔電子琴，碧玉在彈奏聖誕歌《Jingle Bells》，有幾位同事非常開心地在合唱。Oliver 和 Susan 正在招呼人客。

高總來了。

接待員
嘿，Susan，你的客戶高總來了！

素珍/Susan
您好！高總，非常高興您今天能抽空過來。
我要介紹我先生，Oliver，他是這個基金的主要負責人之一。

高總
太好了！我非常滿意基金的回報。這是我太太。

Oliver 先與高太握手，然後與高總握手。

<u>Oliver/歐利華</u>
在這個基金的團隊中我管理你的資產，
但令我們成功的真正功臣是 Chris Lin，
他是一位非常優秀的期權專家。

<u>高太</u>
（開心地）
那請告訴他，
我們非常感謝他的努力，
我們還會持續增資。

<u>Oliver/歐利華</u>
我相信 Chris 聽到您的讚賞會非常開心，
讓我介紹 Chris。

從人群中，Oliver 示意 Chris 過來。

<u>Oliver/歐利華</u>（繼續）
（貼著 Chris 耳朵悄悄地講）
Chris，這是我們非常的重要客戶，
高總和高太。

Chris 來到，先與高太握手，然後與高總握手，交換名片，自我介紹。

<u>高太</u>
我剛才與 Oliver 講了，
我非常滿意今年的回報，
Oliver 說你才是主要功臣。

<u>智豐/Chris</u>
非常多謝！
Oliver 是我的金融啟蒙老師，他過獎了，
不過，我們的確是團隊操作的。

<u>高太</u>
你也非常謙虛，太好了！
這是個很好的口碑，
我會介紹我生意上的朋友給你們。

<u>素珍/Susan</u>（非常高興地）
非常感謝！高太！
有你們的支持，我好開心。讓我們開香檳慶祝吧！

Susan 示意接待員安排香檳。

<u>高太</u>
祝大家身體健康，豐衣足食，快樂每一天！

高總，高太，Oliver，Susan 及 Chris 都舉起香檳。
背景的鋼琴聲停了，見碧玉一人靜靜地在大門口等待某人。

<u>碧玉/Scarlet</u>
Hello，陶 Sir，我好開心你今天可以過來，
Chris 見到你參與這個聖誕派對會好開心！

陶 Sir 禮貌地與碧玉握手，跟隨碧玉進入。

<u>碧玉/Scarlet</u>（高興地）
Chris，你看誰來了！

<u>智豐/Chris</u>（非常開心，有些驚奇地）
陶 Sir，好開心今天見到你！

Chris 與陶 Sir 握手，並擁抱。

<u>陶 Sir/Freeman</u>
哇！Chris，你取得難以想像的成功！好嘢！

<u>智豐/Chris</u>
我的確做出了一點成績，但沒有你當年的教導，我真不知道我今天會在那裡。
我要介紹 Oliver，他是我獄中的期權啟蒙老師。

Oliver 與 Freeman 握手。

<u>Oliver/歐利華</u>（禮貌地）
Chris 説是你改變了他！

<u>陶 Sir/Freeman</u>（禮貌地）
是的，但我也聽説了，是你令他開始這個改變！

Freeman 從接待員提供的飲料中選了紅酒。

陶 Sir/Freeman（繼續）
（面對著 Oliver 講）
在赤柱監獄，我已感到 Chris 會有成功的一天，
所以我寫信給懲教署，請求提前釋放。

Oliver/歐利華
是的，今晚就讓我們一起多謝你當年做了件好事！
乾杯！Cheers！

大家相互碰杯，非常開心！

智豐/Chris（真誠地）
陶 Sir，我要多謝你！
不單是多謝你當年在赤柱監獄的教導，
還要多謝你對香港期權市場的理解和提供的策略，
這些都非常實用！

陶 Sir/Freeman（認真地）
在金融市場，你永遠不知道明天，
特別是市況好到你不相信的時刻，
所以，在高位的市況反而要特別留神。

不少賓客都在聖誕樹前留影，閃光燈不斷地閃爍。

碧玉建議 Chris 和 Oliver 與 Freeman，三人舉杯合照。
Chris 和碧玉也與 Freeman 三人合照。

內景： 美資投資銀行寫字樓　Chris 的海景辦公室　夜晚
聖誕派對剛結束，香檳杯還在 Chris 和 Oliver 手上，兩人神情輕鬆地望著
維多利亞港璀璨的夜景。

這兩位在赤柱監獄認識的囚犯分享了生活的片刻。

Oliver/歐利華
維港夜景實在太美了！

智豐/Chris
是！這就是香港，我的家！

Oliver/歐利華

對！我也有同感！

我們能賺到一點錢，有今晚這樣體面的派對，

我們在心中必須感恩我們的太太。

Susan 的確是幫了大忙，募集了不少內地富商的資金，

雖然我也是金融人，但這方面我是力所不能及！

Chris 聽後頗有感觸，與 Oliver 碰杯喝了一口。

Oliver/歐利華（繼續）

至於 Scarlet，我看她是從開始就一直愛護著你！

智豐/Chris（慢慢地）

是的！毫無疑問！

我永遠不會忘記她為我付出的愛，特別是在我最低潮的時刻。

但更難得的是，她對我事業的支持和協助。

（想了想繼續講）

我一直在想如何回饋她！

Oliver/歐利華

（與 Chris 再次碰杯）

為了碧玉和 Susan！

智豐/Chris

對！為了我們的太太！

內景： Chris 和碧玉的高檔公寓　下午茶的時間

碧玉在練琴，此刻是台小型三角鋼琴 (Baby grand piano)。

Chris 帶著客人 Clause Schneider 進入，Clause 留住長長的金髮，高瘦的身材，
一副藝術家的形象。

智豐/Chris

我親愛的碧玉，這位是 Clause Schneider，是來自奧地利的鋼琴家，

他剛受聘於香港管弦樂團，他答應在業餘時間當你的鋼琴導師。

碧玉感到驚奇，立即起身去迎接這位鋼琴導師。

碧玉/Scarlet

是嗎？香港管弦樂團的鋼琴家是我的導師？

<u>智豐/Chris</u>
是的！我親愛的碧玉。
我早就在籌劃這件事，今天終於落實了！
我要回饋你！

Chris 擁抱碧玉並親吻。Clause 禮貌地與 Scarlet 握手。

<u>Clause Schneider</u>（風趣地）
妳的第一情人告知我，鋼琴是妳的第二情人。

<u>碧玉/Scarlet</u>（開心地笑了）
Yes，非常多謝你，Mr. Schneider。

<u>Clause Schneider</u>
你們兩人稱呼我 Clause 就可以了。
林太，我可以與妳一起坐在琴椅嗎？
我想妳選一首妳喜歡的曲，看你如何彈。

<u>碧玉/Scarlet</u>（開心爽朗地）
當然！

Clause 坐下。

<u>智豐/Chris</u>
你們慢慢聊，我會一直聽著，
我去準備紅酒，慶祝今天的第一堂課！

Chris 離開客廳。碧玉在琴譜上翻到一首曲，近鏡頭可見，是《Mariage d'Amour / 夢中的婚禮》。
Chris 當年就是請碧玉在大會堂聽 Richard Clayderman 演奏這首曲後，兩人共墮愛河。

<u>Clause Schneider</u>
Good，妳的品味真好！

碧玉開始演奏，Clause 彈伴奏。

<u>內景：</u>　Chris 和碧玉的高檔公寓　客廳　下午茶的時間　（持續）
Chris 一邊在開紅酒，一邊在聽琴聲，開心地不斷跟隨節拍點頭。

<u>內景：</u>　美資投資銀行寫字樓　接待處　下午
在牆上，有個掛曆，月份是 2018 年 1 月。
接待處的職員正在用內部對講機聯絡 Chris，有位自稱是阿陳的中年男人帶著
自己的兒子要求見 Chris。

接待員（戴著耳機）
有位陳先生帶著兒子要求見你，
他自稱是你過去的朋友，有事要找你幫忙。

<u>內景：</u>　美資投資銀行寫字樓　Chris 的海景辦公室　白天
與璀璨的夜景相比，白天的維港非常壯觀。
Chris 在桌面聽著對講機，接待員講完後就掛機了。

<u>智豐/Chris</u>（按住對講機）
請再講一次，是誰，他的名字。

<u>接待員</u>
阿陳和他的兒子 Alex Chan。

<u>智豐/Chris</u>
他有講是什麼事嗎？

<u>接待員</u>
他説是關於他兒子的事。我應否可以請他走？

<u>蒙太奇剪輯：</u>　畫面顯示 Chris 的腦海中浮現出他見阿陳最後一面時，是用餐
刀刺傷阿陳的後頸。

此刻 Chris 非常鎮定，嘴角還露出輕微的冷笑。

<u>智豐/Chris</u>（自言自語）
No. No... 過去的鬼魂又再出現，他怪異地令我有今天。

Chris 抬頭望了望牆上的鐘，顯示 3:50 分。

<u>智豐/Chris</u>（在對講機説）
讓他們等等，4:30 收市後就請他們進來。

<u>接待員</u>（對著阿陳）
Chris 4:30 收市後可以見你們，走到底，左邊就是他的辦公室。

內景： 美資投資銀行寫字樓　Chris 的海景辦公室　白天
香港的冬季，黃昏的維港顯示著某種成熟的魅力。牆上的鐘顯示 4:30 分。

阿陳輕輕敲了 Chris 的辦公室玻璃門，Chris 揮手示意讓他們進來。
阿陳，明顯老了，流氓的外觀也減退了，帶著他的兒子陳子強/Alex Chan 求見 Chris。

智豐/Chris（非常有防範地講）
稀客！何貴幹？

阿陳（難以啟齒地講）
過去發生的事令我不好意思來找你，
但為了我的兒子，我還是硬著頭皮來。

智豐/Chris（望著 Alex 直截了當地）
講！

阿陳
我想讓我的兒子來這裡跟你學嘢，希望他也有個好生活。

Alex Chan 立即站立，雙手抱拳向 Chris 鞠躬。

陳子強/Alex Chan
多謝 Uncle 你見我，我希望你能收我做學徒。

Chris 示意 Alex 坐下。

智豐/Chris（問阿陳）
你的貴利生意呢？

阿陳
政府有規管後，貴利生意沒法做啦！

智豐/Chris
車行還在賣粉嗎？

阿陳（無可奈何地）
當然都無啦！

稍作停頓（鏡頭停在智豐的表情，他深深地吸了一口氣）

智豐/Chris
（面對阿陳）
你們的來訪令我想起多年前的自己，
救贖從來就不是簡單的事，
但為了你的兒子，那又是另一回事。

Chris 轉向 Alex Chan。

智豐/Chris（繼續）
Alex，沒有什麼事是容易的！
金融是專科行業，要有牌照，也要有技巧，
這都是要付出以年計的努力才可以得到。
稍後我會起草一份學習路徑給你先看看。

Alex Chan 再次起身向 Chris 雙手抱拳鞠躬。

陳子強/Alex Chan
多謝！Uncle Chris！

內景： Chris 和碧玉的高檔公寓 下午
Chris 回到家，見到 John 躺在沙發上玩手機。

智豐/Chris
現在應該是你練琴的時間，是嗎？

林聰/John
是的，爹哋，但我現在不想練。

智豐/Chris
為什麼？

林聰/John
（不好意思地講）
我今天數學考試不及格，
我擔心令你失望。

Chris 聽到後也坐在沙發上，手抱著 John 的頭靠在自己的胸前，充分顯示著父子的愛意。

稍作停頓（鏡頭聚焦在 Chris 成熟的面孔）

智豐/Chris（慢慢地講）
「成功不是結局，失敗也不能認命，持續下去的勇氣才是一切！」
這是一位名人的話，是第二次世界大戰時的
英國首相邱吉爾/Winston Churchill 講的。
這位偉人帶領英國戰勝了納粹德國。

林聰/John（好奇地）
這句話的意思是？

Chris 將 John 的頭轉向自己，面對面看著 John。

智豐/Chris（細心地）
意思是說一定要有持續努力下去的勇氣，

林聰/John
是很有名氣的人嗎？

智豐/Chris
是的，是英國首相邱吉爾，
你將來在歷史書中會遇到他。
你也知道，我是在第一次考牌照時失敗了，
但我堅決不放棄！

林聰/John
對，我記得，重考你合格了，你也非常高興。

智豐/Chris
是的，這就是邱吉爾所講：
「持續下去的勇氣才是一切！」
你現在理解什麼意思了嗎？

林聰/John
一點點，還是不太明白。

智豐/Chris
意思是你應該加倍努力，只要你努力了，
下一次數學考試，你就會合格！

林聰/John
這次不合格，你不會生氣吧？

智豐/Chris
怎麼會呢？
只要你繼續努力，爸爸媽媽都會高興！
這就像你彈鋼琴一樣，反覆練習就一定會彈得好。
現在去練琴吧，你彈琴會讓我開心。
你的音樂天賦也會令你媽和我感到自豪。

解脫的 John 活潑地站起來，開始練琴。
Chris 聽著 John 的琴聲，半躺在沙發，慢慢地合上眼睛。

<u>內景：</u>　美資投資銀行寫字樓　Chris 的海景辦公室　白天　（2018 年 1 月）
Oliver 在電腦前研究道指走勢，Chris 在寫字枱前來回踱步。

從倆人的神情可見，心情並不輕鬆。

智豐/Chris
（不是很有信心地）
香港股市的調整已經開始了，但我不認為會持續。
道指此刻升勢凌厲，港股 32000 點不應該是這次升浪的頂，
相反，可以看成是這次調整的支持位。

Oliver/歐利華
美國股市佔了全球股市 55%，絕對是主要市場。
2013 年，道指就收復了 2008 - 2009 年金融海嘯的失地，
至今還在屢創新高，估計仍然會持續。

Chris 在電腦前關注地看恒生指數圖。

智豐/Chris
（用分析的語氣講）
恒生指數比道指遲了 5 年才收復金融海嘯的失地，
這次重返 32000 應該是支持位及重新起步點，
這樣才是與美股同步。

故事講解（場外音）
2008 - 2009 年的金融海嘯期間，
香港恒生指數從 31958 點跌至 10676 點，跌幅驚人！
香港股市經歷了 10 年的時間才收復失地重返高位，
2017 年終於回到了 2008 年的高位 32000 點。

<u>故事講解（場外音）（繼續）</u>
但股市的表現令許多投資者失望，
2018 年的股市調整一直持續，
跌幅達 5000 點！

<u>內景</u>： 美資投資銀行寫字樓　大堂走廊　白天　（持續）
一位職員手持一大疊電話備忘記錄，快步走向 Chris 的辦公室，敲門。

<u>內景</u>： 美資投資銀行寫字樓　Chris 的海景辦公室　白天　（持續）
Chris 示意進來，並抬頭望了望牆上的鐘，時間顯示：12:15。

<u>職員</u>
林生，你看來非常疲倦！

Chris 望著電腦，點點頭。

<u>職員（繼續）</u>
這裡有三位客戶的持倉現況及來電記錄，
他們都要求贖回及取消戶口。

職員將相關文件交給 Chris。

<u>職員（繼續）</u>
所要的資料我已經準備好了。

<u>智豐/Chris（疲倦地）</u>
OK，我會立即看，
今天下午會回應這幾位客戶。

<u>內景</u>： 美資投資銀行寫字樓　客戶經理辦公室　白天　（持續）
從玻璃門可見一位 50 歲左右，穿著講究的英國管理人員 —— 客戶經理。

他正在房間內匆忙地整理一些文件，整理完畢，手持文件，離開辦公室。

他快步走向大堂的另一邊，前往 Chris 的辦公室。

<u>內景</u>： 美資投資銀行寫字樓　Chris 的海景辦公室　白天　（持續）
客戶經理敲門，Chris 示意進入，牆上的時鐘顯示 4:00 pm。

客戶經理

Chris，繼續有客戶要求贖回，

剛又收到一位客戶要求贖回和結束戶口，

是高總。

Chris 無奈地背靠大班椅，合上眼睛。

客戶經理（繼續）

（神情嚴肅地）

若市況明天持續下跌，估計會有更多的客戶要求贖回，

目前基金的價值下降的非常快，我們要非常小心！

客戶經理將文件放在 Chris 桌面上，慢慢離去。

雙目無神的 Chris，呆呆地望著檯面的一大堆檔案。

內景： 蘭桂坊傳統的英國酒吧 Happy Hour 時間

Chris 和 Oliver 都手持泡沫豐富的黑啤酒，但此刻的 Happy Hour 時光並非快樂。他們倆人正在商討對策。

Oliver/歐利華

我喜歡黑啤的苦味，所以要了 Guinness Draught，

但希望我們今天不會比黑啤更苦。

我們有時賺錢，有時輸錢，

這就是我們的生意。

智豐/Chris

的確如此！

但我想我們應該減好倉，看好就轉 Long 價外 Call，

主力資金則應該放在藍籌上。

這樣可以減低虧損，維持這個基金的運作。

Oliver/歐利華

對，是個方法可以穩定我們的客戶。

市況此刻非常緊張，

許多客戶都有恐慌心態。

智豐/Chris

（喝了口黑啤嘆了口氣講）

正如你曾經講過：

「操作的錢越多，麻煩事就越多。」

<u>外景：</u>　香港的電車路　傍晚
<u>內景：</u>　在電車上層

Chris 和 Oliver 在電車上。

智豐/Chris（發自內心地講）
當我兒子在低潮的時刻，我向他講了不少道理，
今天，我要自己向自己講。

Oliver/歐利華（苦笑著）
什麼大道理？

智豐/Chris
我引用了邱吉爾的一句名言
「成功不是結局，失敗也不能認命，持續下去的勇氣才是一切！」

Oliver/歐利華
對！

智豐/Chris
在艱難的時刻，
最可貴的是繼續堅持下去的勇氣。

Oliver/歐利華
金融市場就是要面對升升跌跌，
你只需要憑著良心引導客戶渡過困難時期。

<u>稍作停頓</u>（鏡頭停留在 Chris 憂鬱沉思的雙眼）

Oliver/歐利華（繼續）
你有沒有考慮轉移資金去做美股？

智豐/Chris
有，我們的確也轉移了一些。
但我認為，我們的錢是在港股賺的，主力資金也應該留在香港。
你認為如何？

Oliver/歐利華
認同，香港畢竟還是個世界級的金融市場。
目前我們最重要的是穩定客戶，說明這是正常的回調。

<u>智豐/Chris</u>
（無可奈何地）
我們已經為他們賺了不少錢，
但人的貪婪總是超乎我們的想像。

<u>Oliver/歐利華</u>
（笑了笑）
他們都是生意人，
所以在我們在好景的時候就要有額外的報酬。

<u>內景：</u> Chris 和碧玉的高檔公寓　大廳　傍晚
門開了，疲倦不堪的 Chris 回家了，一進門就半躺在沙發上。

<u>碧玉/Scarlet</u>
（看到 Chris 的疲態而親切地講）
我去泡壺茶給你。

還未等到碧玉泡茶，Chris 已經在沙發睡了。

從碧玉的眼睛看出，她明白一切。
她放下茶，打開琴蓋，輕輕地彈奏《Mariage d'Amour / 夢中的婚禮》。
在 Clause 的指點下，她的彈奏技巧明顯提高了。

音樂在繼續，Chris 在音樂中沉睡。

<u>故事講解（場外音）</u>
今天發生的事令 Chris 筋疲力盡，而且心情極差。
家，一直是他避難所，
充滿安全感的地方。
今天，他的需求可能更多！

<u>內景：</u> Chris 和碧玉的高檔公寓　大廳　夜晚　（持續）
Chris 仍然睡在沙發。

碧玉和 John，開始教導 4 歲大的 Kimberly（暱稱 Kimmy）彈琴。
Kimmy 彈的是音階簡單的《Ode to Joy / 歡樂頌》。

家的聲音似乎令 Chris 開始清醒，在沙發上伸展。

碧玉都看在眼裡。

碧玉/Scarlet
（充滿母愛地）
Kimmy，去叫醒爹咃，要他去拿口琴過來，
我們要舉辦家庭演奏會。

Kimmy 跑去推醒爸爸。
Kimmy 離開鋼琴，但琴聲《Ode to Joy / 歡樂頌》並未停止。
碧玉和 John 繼續彈奏，而且音量放大，雄壯有力。

內景： Chris 和碧玉的高檔公寓　大廳的沙發　晚間　（持續）
Kimmy 站在 Chris 身旁，推動 Chris。

林一嵐/Kimberly（撒嬌地）
爹咃，爹咃，媽咪要你過來，
帶你的口琴一起來，
和我們一起玩，爹咃……

Chris 醒過來，將 Kimmy 抱起，坐在自己的腿上，用手梳理她的頭髮。

智豐/Chris
大公主派小公主傳口令，
我又怎麼能拒絕呢？

Chris 親吻了 Kimmy 的額頭。

智豐/Chris（繼續）（對 Kimmy 講）
我的口琴就在茶几上，
和毛毛豬在一起。
妳過去拿過來，
我要和你們一起演奏。

內景： Chris 和碧玉的高檔公寓　大廳的鋼琴旁　晚間　（持續）
Kimmy 去茶几處取口琴交給 Chris。

智豐/Chris（開心地對 Kimmy 講）
我從來不會拒絕小公主，
因為小公主與大公主一模一樣。

林聰/John（調皮地講）
如果她跟你一模一樣就麻煩了。

Chris 笑著將 Kimmy 抱起放在琴椅上，坐在碧玉和 John 中間。

碧玉/Scarlet
（望著 John 講）
你也越來越像你爹哋了。

林聰/John
（機靈地）
音樂會是時候開場，不然我就有麻煩了。

John 開始彈《Ode to Joy / 歡樂頌》，在碧玉的指導下，Kimmy 也加入了。
幾節主旋律後，Chris 的口琴也加入了。

與家人一起演奏音樂，Chris 明顯提振了精神。

<u>內景：</u> Oliver 和 Susan 的家　夜晚
Oliver 半躺在沙發上，疲倦地閉眼養神。

茶几上有一瓶威士忌和一個小錫杯，他的口琴也在旁。

Susan 過來安慰他，但他似乎不太理會。

Susan 沒辦法，她打開小提琴盒，取出提琴，試了試音，略調整弦的微調。
她開始拉奏舒伯特優美的《Serenade / 小夜曲》。

在 Susan 優美的提琴聲中，Oliver 慢慢地睜開了眼睛。

他伸手取酒杯，開始品嘗威士忌，欣賞 Susan 的演奏。

<u>內景：</u> 美資投資銀行寫字樓　大堂走廊　白天　（2018 年 11 月）
職員滿手文件，匆匆忙忙地走向 Chris 的辦公室，敲門進入。

<u>內景：</u> 美資投資銀行寫字樓　Chris 的海景辦公室　白天

職員
（滿面笑容）
林生，我今天接了好幾個電話，
都是要求重新啟動投資戶口。

前台職員愉快地將文件交給 Chris。

智豐/Chris
謝謝你的好消息！

前台職員給 Chris 一個開心的微笑，離開。

Chris 翻看了文件，準備打電話。

故事講解（場外音）
在 2018 年聖誕節前，金融市場穩定了，業務也逐漸恢復正常。
當時要求離開的客戶，此刻又要回來了。

Chris 打電話給高總。

智豐/Chris
高總，您好，我是林智豐。
聽說你今天打過電話來，有事嗎？我幫得上忙嗎？

高總（場外音）
對，是的！
看來市況穩定了，也開始回升，我想還未到頂前進場。
請你幫我重新啟動戶口。謝謝你，林先生。

智豐/Chris
非常高興聽到你對市場恢復信心，也多謝你對我的信任。
你的戶口今天內就可以啟動。

高總（場外音）
那太好了，謝謝你！

智豐/Chris（有些應酬地講）
不必客氣，高總，我的團隊一定會盡全力，
一如既往，做出成績，令你滿意！

打完電話給高總，Chris 神情看來並非特別開心。

內景： Chris 和碧玉的高檔公寓 大廳 夜晚 （2019 年 春節）
碧玉和 Susan 正在與 5 歲大的 Kimmy 和 Susan 3 歲大的女兒 Loretta Cooper 在大廳一起玩耍。

素珍/Susan（愉快地）
看到她們玩得真開心，我也高興。
不過就是吵了些。

碧玉/Scarlet（笑了笑）
我從來不拒絕快樂的噪音。
不久前，由於生意問題，有過不少憂愁的聲音。

素珍/Susan
我記得！有時 Oliver 也是很難相處。
希望 2019 年這個「豬年」會為我們每人帶來好運！

碧玉/Scarlet（碧玉略有所思）
嗯，「豬」是我的吉祥物，
我和 Chris 第一次約會時就送了個玩具毛毛豬給他，
這個毛毛豬一直陪伴著我們。

素珍/Susan
這一定是個精彩的愛情故事！

碧玉/Scarlet
是的，這就是我們愛情故事的開始。

外景： Chris 和碧玉的高檔公寓　書房　夜晚　（持續）
神情鬆弛的 Chris 和 Oliver 正在品紅酒，抽雪茄。

這個地方正是他們當年年吵架的地方。

智豐/Chris（風趣地）
親愛的拍檔，回想艱難的日子，我們又挨過來了！

Oliver/歐利華
是啊，回想當時我的心情不好，
只有 Susan 有這樣的耐心忍受我的脾氣。

智豐/Chris
錢不容易賺，不論是對我們的客戶還是對我們自己。

雙方無言，但一致舉起酒杯，碰杯！

<u>Oliver/歐利華</u>
（喝了口酒，嘆了口氣笑了笑）
但我們又成功了！
C'est la vie！這就是生活！
Buddy！

<u>智豐/Chris</u>
Yes！
C'est la vie！這就是生活！

<u>資料片段：</u> 香港社會運動 （2019 年 6 月 16 日）

<u>故事講解（場外音）</u>
香港的初夏又熱又潮濕，是最不舒服的季節。
可是，一個香港歷史性的社會運動發生了。
（繼續）
全港有 200 萬市民走向街頭，
和平遊行，表達訴求，反對「送中條例」。
成千上萬的示威者身穿黑衣，
從維多利亞公園開始，遊行至香港立法會。
（繼續）
這是四分之一香港成年人參與的社會運動，令世界矚目！

<u>內景：</u> Chris 和碧玉的高檔公寓 露台 白天
遊行的人群高呼口號：「五大訴求　缺一不可！」

Chris 和 Oliver 在露台看著龐大的遊行隊伍。
在遊行隊伍的前方，John 身穿深色衫，與情緒高昂的年輕學生們在一起。
碧玉身穿紅十字背心與醫務人員在一起，Susan 也陪伴在旁。
在負責後勤服務的人群中，也看到 Alex Chan 在派發樽裝水。
劇本中的各個角色基本上都先後出現在龐大的遊行人群中。

<u>Oliver/歐利華</u>
（看著遊行的隊伍問 Chris）
你還記得我出獄時送給你的那本書嗎？

<u>智豐/Chris</u>
當然！我在監獄裡看了幾次。
是諾貝爾經濟學得獎者，Milton Friedman 寫的《Free to Choose》。

Oliver/歐利華
好！那他是如何用兩個字描述資本主義社會的。

智豐/Chris
「Capitalism and Freedom，
資本主義與自由民主」

Oliver/歐利華
對！我們也應該去參與遊行，我們要見證香港是如何為這兩個字奮鬥！

智豐/Chris
好！讓我們期待香港會更好！

故事講解（場外音）
這場社會運動終於導致香港政府隨後宣布，
全案「送中條例」正式「壽終正寢 / The bill is dead」。

內景： 美資投資銀行寫字樓　Chris 的海景辦公室　白天
街頭的口號聲持續，而且不斷增強，在中央空調的寫字樓內也可以聽到。
在 Chris 的海景辦公室的茶几上有本相當陳舊的《Free to Choose》，
在這本書旁有個玩具「毛毛豬」和一個口琴。

這本書慢慢地打開，文字從書中跳出來，出現在畫面：
"The role of competitive capitalism - the organization of the bulk of economic
activity through private enterprise operating in a free market -- is a system of
economic freedom and a necessary condition for political freedom."
— Milton Friedman

「資本主義之所以具競爭性，是因為經濟活動主要是通過私人企業在公開市場
上進行，從而產生了自由市場經濟體系，這也是自由民主政治的必要條件。」
—— 美頓‧佛利民

遊行的口號聲越來越響，聲浪達至高潮，隨之慢慢地減弱並消失在黑暗之中。

演員表

鏡頭淡出

後記

備註：
如果閣下閱讀此劇本時需要協助，或有什麼意見，
可以發送電郵（包括您的名字及手機號碼）至以下郵箱：
thespeculators@hkoptionclass.com.hk

亦歡迎閣下瀏覽我們的網頁：
www.hkoptionclass.com.hk

提示：
若閣下喜歡這個故事，請好好保存實體書！
此故事很可能會推出續集，並會引用此書的情節，
屆時閣下就可以閱讀下集，參考上集，令閱讀體驗更流暢！

網上期權 e-Learning 課程兌換

網上課程 –「Pre-Option 期權入門」：

如果閣下對期權感興趣，可憑印列於右頁的 Pre-Option 堂兌換碼換取
香港期權教室網上 e-Learning 課程「Pre-Option 期權入門」，價值 HKD 200。

本課程由 期權教室首席講師 杜嘯鴻/Freeman、
助理講師 陳俊謙/Frandix 及 教室助理 黎智藝/Richmond 三人共同講解，
內容以對話形式進行，以輕鬆有趣的方式介紹期權。

課程一共4節，每課約15分鐘，合共一小時，節奏明快，
特別適合對期權未有認知但又希望了解的人士收聽，
或是決定學習期權前的熱身。

掃描二維碼
前往課程兌換頁

兌換流程：

1. 掃瞄右方二維碼 或 於瀏覽器輸入以下連結
   www.hkoptionclass.com.hk/preoptionredemption.html
   前往「兌換網上課程『Pre-Option 期權入門』」頁面。

2. 於表格內填寫 個人資料 及 右方封底頁所示的 Pre-Option 堂兌換碼
   （格式為：S12345），然後點擊「送出」按鈕。

3. 教室工作人員需時1至2個工作日核實資料無誤後，再經由
   WhatsApp 發送 課程連結 及 登入密碼 給閣下。

4. 於手機或電腦上點擊課程連結，輸入 WhatsApp 收到的
   學員編號 及 密碼，即可進入網上課程。

5. 如果閣下聽完『Pre-Option 期權入門』後，認為期權適合自己，
   建議閣下繼續進修，歡迎報讀本教室的實體課程 或 其他網上
   e-Learning 課程。詳情請瀏覽 www.hkoptionclass.com.hk